木棉 kapok culture

带一本书远离人群

思郁 著

SPM 南方出版传媒 广东人民出版社
·广州·

图书在版编目（CIP）数据

带一本书远离人群 / 思郁著．—广州：广东人民出版社，2018.6
ISBN 978-7-218-12502-2

Ⅰ.①带…　Ⅱ.①思…　Ⅲ.①书评—中国—现代—选集　Ⅳ.①G236

中国版本图书馆CIP数据核字（2018）第010186号

DAI YIBEN SHU YUANLI RENQUN

带一本书远离人群

思郁　著

出 版 人：肖风华

责任编辑：罗　丹
装帧设计：周伟伟
责任技编：周　杰　吴彦斌

出版发行：广东人民出版社
地　　址：广州市大沙头四马路10号（邮政编码：510102）
电　　话：（020）83798714（总编室）
传　　真：（020）83780199
网　　址：http://www.gdpph.com
印　　刷：珠海市鹏腾宇印务有限公司
开　　本：787mm×1092mm　1/32
印　　张：8.25　　字　　数：170千　　插　　页：1
版　　次：2018年6月第1版　2018年6月第1次印刷
定　　价：38.00元

如发现印装质量问题，影响阅读，请与出版社（020-83795749）联系调换。
售书热线：（020）83795240

他永无可能获得平静，除非带着一本书远离人群。

——《别想摆脱书：艾柯 & 卡里埃尔对话录》

目录

序：稍纵即逝的磷光 001

- **第一辑　文学家与八卦掌** 001

法国文学奖的那些事儿 003
作家给总理荐书 006
雷蒙·阿隆与萨特的存在主义 010
花花公子与哲学家 012
“社交名媛”奥斯卡·王尔德 015
马塞尔·杜尚的签名艺术 021
毛姆是几流作家 026
杀妻哲学家路易·阿尔都塞 032
纳博科夫背后的女人 038
托马斯·沃尔夫与《天使望故乡》 043
苏珊·桑塔格的女权主义 048
追忆普鲁斯特的似水年华 053
想与马尔克斯比肩的作家 056
詹姆斯·乔伊斯的天书 059
罗兰·巴特的爱与死 063

萨缪尔·贝克特的脸 069
被纳粹枪杀的布鲁诺·舒尔茨 072
玛丽娜·茨维塔耶娃之死 075
村上春树与雷蒙德·卡佛 078
当汉娜·阿伦特遇到海德格尔 081
谁在赞助里尔克 084
旅行、写作与冒险 090
二手时间 097

• **第二辑　藏书家与偷书贼** 103
《日瓦戈医生》与文化冷战 105
马尔克斯与《百年孤独》 115
村上春树的畅销书是如何炼成的 118
在咖啡馆写作会遇到谁 126
奇怪的色情藏书 129
如何培养优质藏书家 132
泰坦尼克号上的藏书家 135
泰坦尼克号上的“珍宝书” 138
偷书贼并不都是雅贼 141
我们为什么读了很多烂书 144
我只收藏记忆，不收藏图书 146
作家访谈中的“怪癖” 149
天才的编辑是如何炼成的 152
被编辑的雷蒙德·卡佛 157

• **第三辑　妩书媚影记** 161
关于阿尔莫多瓦的一切 163
电影之外的海明威 166
当“新浪潮”遭遇希区柯克 171
重生 174
莱昂内的美国梦 177
奥斯卡的平衡艺术 180
《2001：太空漫游》诞生记 183
改编文学与奥斯卡 190
汉娜·阿伦特在耶路撒冷 198
影评的力量 203
影评作为一种写作 209
欧洲文明的挽歌 214
《地心引力》是一部纯粹的电影 219
浮华的盛宴 223
伍迪·艾伦写给巴黎的情书 227
伊朗生活的浮世绘 231
一个不道德的人 237

后记 244
附：本书所涉及的书目 248

序：稍纵即逝的磷光

曹亚瑟

想当年我年轻时，迷恋于西方典籍，中国书一概不看。桌子上摞的都是康德、黑格尔、别林斯基、费尔巴哈，随身提包里装的是海德格尔、萨特、尼采、弗洛伊德。那时我读的康德《纯粹理性批判》是蓝公武译本，其哲学本来就佶屈聱牙，加上文白夹杂“吾人”之类的翻译，更是读得人昏昏欲睡。我怀着“科学有险阻，只要肯登攀”的心态，凉水擦把脸，撑着眼皮的是一种天降大任的进取心。那时初读《西方文论选》，我真有一种误入桃源的惊喜，那些思辨文字真是太对我的胃口了。后来从《现代西方文论选》《世界艺术与美学》等几本丛刊，获取了二战后的现代文论，对古典文论充满颠覆，才见到另一番景况。哪像现在，出版物几乎与欧美同步，随时能获知最新的世界学术思潮和理论。上世纪八十年代正值美学热，李泽厚热得发烫。我痴迷的却是冷峻文风，不到二十岁，就模仿王元化《论知性的分析方法》的笔调，投稿给《上海文学》的文学理论栏，洋洋洒洒几千字。编辑的回信略带古风：“因本刊稿挤，近期无法安排，请另行处理。”我哪知这是退稿的委婉说辞，心里想，稿挤，你把其他文章撤两篇不就行了！

谁人年少时没点轻狂。这就是西方典籍对我的影响，思郁估计比我理智多了。后来，我转而沉湎于中国古籍，深陷不能自拔，尤喜文人别集和历代笔记。那天与思郁聊起，陈寅恪、钱钟书都是游历西方的饱学硕儒，中年之后纷纷转向中国古籍，从此不离不弃，这似乎已成为中国文人学者的通例。思郁深以为然。他说这方面正是自己的短板，所以让我推荐几本好看易读的古籍。我记得为他找了《袁中郎尺牍》《肉蒲团》几本书（从推荐书目看我也是误人子弟），让他先培养兴趣。只是此后思郁发表的文章仍以西学评介为主，我想或许他正在行“打通”之术吧。

那时思郁住得离我不远，认识他就是因为看到他写了大量西学评介，觉得值得对话。初见面时才知道他是个80后，而且辞了工作，专事写作。他那时租住的小屋摆满了西方历史、哲学著作，文章多发表在南方报刊，在出版界、书评界颇有名声。渐熟之后，我们聊起写作的辛苦，我建议他边工作边写作，保持一份垫底的收入，不必疲于奔命。后来我把他介绍给了当地一份杂志。虽然他要经常采访、写作一些自己兴趣之外的东西，但看得出他干得很努力。再后来，他在编稿时遇到了一个所有编辑都会碰到的大坑，领导审稿时也没注意，竟然见刊了。于是杂志社领导被约谈，他面子上挂不住，索性辞职不干了。我听到后赶忙劝说，干活出错是难免的，改了就是了，不必动辄辞职；如果都像你这样，全世界将没有干活之人。无奈木已成舟，思郁还是走了，又做回了全职写作人。

我知道作为职业读书人和写作者既是幸运的，也是极为辛苦的。一个例子是，维特根斯坦的《逻辑哲学论》一书诞生在第一次世界大战的战壕里，他在帆布包里装个笔记本，在枪声的间隙里不断写作。他的美国学生诺尔曼·马克康姆回忆，维特根斯坦战后在剑桥大学担任哲学教授时，因为不喜欢学院式生活，也不擅长讲课，所以对当职业哲学家非常厌倦，他不仅几次劝说马克康姆不要把哲学当做职业，自己后来也索性辞去了剑桥大学的教职。他曾对别人嘲弄地说："罗素现在还在搞哲学，这不会毁掉他自己吧？"离开剑桥后，维特根斯坦离群索居，晚年一直生活在爱尔兰乡下的农庄和一处海边渔村里。我很理解维特根斯坦的心态，当支撑爱好的是一份兴趣而不是一份职业时，会在里面投入更大精力。

不过，我似乎过虑了。思郁依然快活地游弋在西方学人理论与八卦之中。在他的笔下，我们不时能看到：王尔德因为"男—男"关系"有伤风化"而被判入狱两年；有恋母情结的罗兰·巴特和有恋子情结的苏珊·桑塔格被他拎出对比；萨特的《存在与虚无》来自雷蒙·阿隆的启发；《追忆似水年华》获龚古尔奖后，腰封应运而生；萨缪尔·贝克特老早就是个毒舌；薇拉为了纳博科夫竟放弃自己的天赋；成为作家遗孀在俄罗斯已繁衍为一种职业；等等，等等。这些文化史的片羽碎金，本来散落在众多典籍之中，被思郁一一捡拾，汇集在一起，使那个时代稍纵即逝的磷光，能对现世折射出一点灵光。

按照本雅明的说法，文人雅士应该成为波德莱尔笔下的"波希米亚人"和"闲逛者"，他通过这种方式来寻找灵感和编织自己的关系网络。当然那是在资本主义上升期，报刊稿酬空前高涨，大仲马每年能获得十万多法郎的报酬，拉马丁靠写作更是能拿到高达四十万法郎的回报。他无法预料现今的报刊体系会逐渐崩塌，失去这一支撑，原来的“闲逛者”生涯已难以为继了。

我知道这项工作的不易。思郁平素读的很多书非常小众，以致于在图书馆里它们也会处于长期休眠当中。他的新居很快就被书籍填满了，藏书家只是他作为书评人的一个副产品而已，好奇的访客见到这许多书一般都会问起这个问题：“这些书你都读完了吗？”虽然我们都曾被这个无聊的疑问折磨得啼笑皆非，但我想起翁贝托·艾柯与让-克洛德·卡里埃尔对话时，他是这样回答的，可供思郁借鉴。第一种：“不。这些只不过是我下周要读的书。我读过的书都在大学里。”第二种则是：“我一本都没读过。不然我留着它们干吗？”用艾柯的话说，我们每个人家里都会有十几本、几百本乃至上千本没读过的书，只是总有那么一天，我们拿起这些书，发现自己了解其中的内容。怎么会有这种情况？他解释说：“第一种解释属于神秘学范畴，我本人无法接受：书的波会传到我们身上。第二种解释：这些年来，我们不是真的没有翻开过这本书，我们好几回把它移来移去，也许还翻阅过，只是自己记不得罢了。第三种解释：这些年我们读了一堆援引这部著作的书，这使得我们最终也熟悉了著作本身。因此，有很多方法可以让我们了解没读过的书。”

其实，按照乌拉圭作家卡洛斯·M.多明盖兹在《纸房子》中的说法，持续购置某些主题的书籍，正是我们据此认识世界、诠释世界的过程。“我们借由这个过程让书目逐步完备；我们从尚未拥有的某部书籍的相关数据入手，然后当我们购得那部书，它又将我们带往另一部书籍。一旦阅读，我非得查阅那部著作的所有相关批注，完全搞通书中全部含义不可，所以当我有空拿起一本书，有时候只是为了彻底读懂其中某一章节，甚至还得同时翻阅其他二十本书才行。”

也许，就在那个不断延展的读书过程中，又一个博学鸿儒炼成了。世界只有在这个过程中才会收起它狰狞的一面，显露出它迷人的另一面。我们则用书筑起一个围城，在里面稍稍吐纳一口空气，迷醉一下自己。如此而已。

2017年1月27日，小鲜馆

I

第一辑

文学家与八卦掌

• 法国文学奖的那些事儿

法国文学史上，提起最著名的文学奖项，首屈一指的当然是龚古尔文学奖。这个由法国小说家龚古尔兄弟设立的文学奖，从1903年开始第一届，迄今已有百年的历史。我们熟知的大作家普鲁斯特、马尔罗、波伏娃、杜拉斯等都曾荣获这个奖项。

龚古尔兄弟最初创立文学奖时，在遗嘱中注明了给作者的奖金是五千法郎，同时为了不让十位评委受外界干扰，也给每位评委六千法郎的年金。现如今物价飞涨，龚古尔奖的奖金已经缩水到象征性的10欧元，但是由于其巨大的影响力以及随后的商业利益，每年的颁奖仍然吸引了众多人的眼球。很有意思的是，每年的颁奖仪式也是一次盛大的聚会，评委们都很在意颁奖前的午餐在哪里吃，每年都更换饭店。

随着评委们频繁更换吃饭的地方，那些负责报道获奖消息的记者开始抱怨评委们的中午饭吃得太晚，获奖结果颁布后，他们还得搜集一些作家和评论家的看法，然后才能交稿。于是，记者们决定赶在评委之前先吃饭，省得颁奖后忙得焦头烂额。估计是哪位记者的一句玩笑话，说既然他们吃饭能颁奖，咱们也能办个文学奖！本来的一句戏言偏偏成就了法国的另外一个文学奖，以《法兰西日报》的创始人泰奥弗拉斯·雷诺多命名，就叫做雷诺多奖。

无独有偶，五年之后，同样是一群记者在负责报道费米娜奖的过程中也设立了一个奖，叫做“联合奖”，他们决定这个奖只颁给记者，第一个获奖者是安德烈·马尔罗。费米娜奖是由女诗人阿娜·德·诺阿伊在1904年设立，最初的意思想跟龚古尔奖打擂台，因此评委会成员全部由女性组成，奖励年度优秀的散文和诗歌创作。但颇为尴尬的是，这个奖项迄今颁给的人大多数还是男性，只不过评委们是女性而已。

1933年，美术学校一个经常去圣日耳曼大道的双叟咖啡馆的图书管理员，因为不服龚古尔奖的垄断地位，也想设立一个奖，以咖啡馆命名，这就是后来著名的双叟文学奖。他创立文学奖的方式更为好玩，当天从咖啡馆的每位客人手中募集一百法郎，共收集了一千三百法郎，把这笔钱颁给了获奖者，而后得奖人拿着这笔钱去了几米远的花神咖啡馆请全部的竞争对手大吃了一顿。这个奖每年都在双叟咖啡馆准时颁布，还是用同样的方式募集奖金。不过，后来在评委会当中出现了不合，其中一个成员一气之下去了马路对面的利普小饭店，以饭店老板的名义创办了一个卡泽奖。

龚古尔兄弟

这么多文学奖有什么用？很简单，一个著名的文学奖所带来的商业利益有目共睹。奖金虽然很少，但是获奖之后的作品销量，给作者和出版社带来巨大的荣誉和经济利益不得不引人瞩目。再说，多少是一个奖，说起来也光彩不是！

• 作家给总理荐书

2007年3月，加拿大作家扬·马特尔，我们熟悉的《少年派的奇幻漂流》一书的作者，应邀前往国会山下议院参加加拿大艺术文化委员会的五十周年庆典。这本来是加拿大各个领域的艺术家欢聚一堂，庆祝他们为国家的文化做出贡献的美好时刻。但始料未及的是，这个让艺术家备受荣耀的庆典，竟然在五分钟稀稀落落的演讲中，草草结束了。这个过程中，他们的总理斯蒂芬·哈珀甚至没有发表任何寒暄性质的致辞，礼貌性地到场点卯后，就草草离去。正是从这个时刻开始，马特尔开始注意到他们的总理，并萌生了一个念头，如果每隔一周寄一本书给哈珀总理，他或许读上其中一两本，长期熏染之下，总会对阅读的重要性有所认知。

于是，从2007年4月开始，至2011年2月，四年的时间里，马特尔共计给哈珀总理写了101封信，寄送了100多本书。当然，其中有几个月的时间，因为要宣传自己的新书，马特尔还发动他的作家朋友们给哈珀总理写信寄书。在这个过程中，除了几封总理联络官的简短而程式化的回信，哈珀总理一直都保持了沉默。无论马特尔在信中用何种方式，恳求也好，嘲讽也好，甚至包括激将法也好，总理都没有回复只言片语。所以马特尔最终说，这是一个寂寞的读书会，石沉大海一样，始终不知道对方是否读了自己寄送的书。当然，哈珀总理是否读到这些书已经不重要，关键是，我们可以从《斯蒂芬·哈珀读什么》中读到这些书。

马特尔在第21封信中提及了他选择寄送图书的几个标准和理由：虚构作品，因为“同纪实性文学相比，小说等虚构文学更关乎个人，更综合化。小说更加‘全人’化。小说探讨的是生活本身，而历史则停留在生活的某处”；篇幅短小，一般不会超过二百页；简单易懂；书的种类也是多种多样。还要补充一点，马特尔寄送的书，基本都是二手书，这个倒不是为了省钱，而是另有原因，“我喜欢拿着一本别人读过的书，去想象眼前的这些字句曾如何映照在别人眼中。同一本书在不同读者之间架起了沟通的桥梁，成了文学的交融”。马特尔推荐的书目符合百科全书式的标准，经典小说、侦探小说、童话绘本、儿童漫画、印度史诗、精美诗歌、传统剧作，甚至情色文学。但就是不知道学经济学的哈珀总理能否领会一个爱书人的良苦用心。

在《斯蒂芬·哈珀在读什么》的第66封信中，最好玩的一幕出现了，马特尔寄送了一本《斯蒂芬·哈珀在读什么》。我手中的中文版收录了101封信，但这本书在加拿大的英文版只有55封。马特尔在一封信中调侃哈珀总理说，虽然哈珀的名字一再出现在书信中，但是其实这本书的主角并不是他，而是他们谈论的一本本书：“《斯蒂芬·哈珀在读什么》是一本关于书的书。终有一天，我们会看到它的完整版。当这完整版出版时，里面到底会有多少封信，那就取决于您了。”

这是一场寂寞的书友会，但也是一场丰富的书友会。写信的对象保持了沉默，而写作者却保持了丰盈的心态。当马特尔开始写作小说时，他取得了成功。但是通过这些信，我们看到了一个作家的另外一种天赋和能力。博览群书也许并不是什么值得炫耀的事情，但是能够在读完每一本书后，都可以用一封信与一个人进行交流，哪怕对方是个木头人，是一个沉默者，只要能清晰地表达出对书的看法，这就是一种能力。这种阅读与作家的写作形成了一种互文：我们在阅读虚构小说中的人物的同时，也在阅读我们自己，阅读让我们的人生更加丰满；而写作让我们尝试用想象建构出一个新的人生，那种我们也许无法做到，却总向往的人生状态。

如果说《少年派的奇幻漂流》让我们领略了一个作家的写作能力，《斯蒂芬·哈珀在读什么》则让我们见识到了一个读者型作家的阅读能力。马特尔是一个怀有敏感而充满好奇心的读者，正如博尔赫斯一样。他并不喜欢博尔赫斯，理由是读一本好书可以让我们更加投身于世界，但是他读完博尔赫斯，反而让他觉得世界越来越小。马特尔喜欢海明威，他认为海明威的问题创新与《圣经》中的简洁凝练，肃静古朴相契合。但是不知道当马特尔在信中如此兴奋地描述他的阅读感受时，沉默的哈珀总理正忙于什么样的政务。

我经常提及诺奖诗人布罗茨基的那句话，如果这个世界的主

扬·马特尔与《少年派的奇幻漂流》

人公和统治者能够更好地阅读，或许迫使无数人走上流亡之路的暴政与苦难就会减少。问题是，就算我们尽心竭力推荐很好的书籍给他，他仍然认为阅读是一项无关紧要的行为，他有着比阅读更为重要的事务去做，所以哈珀总理有理由继续保持他的沉默，让我们原谅他吧，这个不读书的总理，这个在公开场合表示最喜欢的书是《吉尼斯世界纪录大全》的哈珀总理。在第76封信中，马特尔跟沉默的哈珀总理还分享了一个小惊喜：奥巴马总统写了一封短笺，作为一名读者，作为一位父亲，他表达了对《少年派的奇幻漂流》的喜爱，不知道哈珀总理看到这封来自美国总统的短笺心中有何感想，他会不会从他最喜欢的《吉尼斯世界纪录大全》的阅读中抽出空来，翻翻马特尔给他推荐的这些书籍呢。

阅读并不能改变什么，也许这正是很多人不屑于致力于这项“无用”事业的原因所在。阅读对生活最大的改变只有那些真正喜欢读书的人才能领会，而且这种心领神会往往无法成功分享给没有这种阅读体验的人。当马特尔在书中无数次兴高采烈地总结说，每读完一个故事，您就会觉得自己的生命得到了延长，人也聪明睿智了不少，多了一份人生体验时，我们这些读者也能感到他一丝丝没有得到回应的寂寥。但一本书毕竟是一颗种子，它只有遇到合适的人和合适的环境才能生根发芽，与其这么多好书分享给一个丝毫不懂得阅读的人，不如分享给更多的读者。正如马特尔在坚持四年之后，决定封存这个寂寞的读书会一样，他已经厌倦了将书籍当做一颗颗政治的子弹，书籍精彩纷呈，宝贵无比，决不能这样被长期滥用。

• 雷蒙·阿隆与萨特的存在主义

雷蒙·阿隆在回忆录中提到他青年时代结识的众多朋友中，只有萨特成为神圣不可侵犯的怪物。提及自己，阿隆自谦说，他从未幻想过自己的一生可以同历史上的伟人相提并论，相反，他只是喜欢援引那些历史人物的话来阐释自己的看法，并加以发挥。

阿隆一生都保持了这种谦虚的本色。但是这种谦虚，从另外一种角度看，却未免多了几分自卑的意味。他是记者、新闻评论家、历史研究者、大学教授，很难用一种身份对其进行定性。驳杂是他的专长，也是他的弱点，更是他多年来都耿耿于怀的原因。现如今我更能体会阿隆的那种自卑，他顶多是一个政治哲学家，而不是纯粹的哲学家。而对一个自小就对哲学有热望的人，只有不断地沉思与哲学写作才是最高的追求。从这点上来说，萨特真正做到了，而阿隆却不断地被各种现实卷入其中，他想退守到书斋中做更深入的思考与写作，但是现实却逼迫着他与各种政

雷蒙·阿隆

治事件纠缠，这是知识分子一种进退两难的困境，并非只是一种谦虚态度。

在20世纪的法国知识分子群像当中，阿隆的身影是愈加清晰的，但是这种清晰的代价是阿隆自身的一种遗憾，所谓“阿隆式的直白”，多少有一种讽刺的意味，因为法国的知识分子是很少直接面对现实写作的，而阿隆偏偏大多数作品都是急就章，是根据政治事件完成的政治评论。他不止一次提到，如果他不是搞新闻评论，他写的严肃作品可能就是另外的样子。莫洛亚说过：“雷蒙·阿隆可能是我们时代的孟德斯鸠，如果他离现实再远一点。”阿隆成不了孟德斯鸠，恰恰是因为他的现实羁绊太深。

我们不要忘了早年的阿隆去德国学习哲学，某种程度上来说，正是他把德国哲学引入了法国，促使萨特写下了那本伟大的哲学著作。海德格尔的《存在与时间》开始在法国知识分子圈中流传的时候，流传甚广的一个段子就是阿隆把现象学介绍给萨特的故事。当时在场的还有波伏娃，他们三人在一家咖啡馆，喝着鸡尾酒。阿隆指着萨特的酒杯说：“你看，我的朋友，如果你是一个现象学家，你就能谈论这杯鸡尾酒，这就是哲学。”波伏娃后来回忆说，萨特听到这句话，兴奋得脸都白了。因为这正是他盼望了多年的东西，就像我们触摸他们那样谈论这些事物，这才是哲学。正是在这样的思想感召下，萨特完成了《存在与虚无》，而把这种思想的颤栗引介给萨特的阿隆，一生都没有这样一本纯粹的哲学之书留下来，这种遗憾直到晚年撰写回忆录时，他仍然是耿耿于怀的。

• 花花公子与哲学家

雷蒙·阿隆在他的回忆录中曾经提到青年时期对他影响很大的三个朋友：萨特、埃里克·韦伊和亚历山大·科耶夫。阿隆与萨特之间剪不断、理还乱的关系是法国哲学圈的恒久话题，毋需多言。倒是另外两位比较少见，尤其是科耶夫，与其说阿隆的朋友，倒不如是老师更合适，因为阿隆与埃里克·韦伊都曾是科耶夫黑格尔现象学研究班上的学生。

亚历山大·科耶夫是一位俄国流亡者。他于1902年生于俄国一个富有的商人家庭，享受着上层阶级的财富。1920年科耶夫离开俄国，远赴德国，最终去了海德堡，师从卡尔·雅斯贝尔斯学习。但这位花花公子型的哲学家当时对哲学学习并不专注，他花费了大量的时间研习东方的语言和宗教，甚至还想修读一个物理学学位。在跟随雅斯贝尔斯学习的同时，他甚至感觉到自己没有时间去学习胡塞尔，连海德格尔是谁都不知道。

科耶夫在柏林最大的收获就是认识了另一位法国哲学家亚历山大·科瓦雷。当时科耶夫与一个大他十岁的女人相爱，而这个女人恰好是科瓦雷的弟媳。科瓦雷原本打算替弟弟出头，通过约见科耶夫对他进行一番羞辱，结果发现这位富家子弟竟然在许多问题上都有着深刻的见解，两人一见如故，长谈到深夜。1926年科耶夫来到巴黎后，一方面仍然延续富家子弟的上层生活，另外一方面通过科瓦雷的引介进入了巴黎的学术圈，出入各种沙龙，参加法国高等实践学院的研讨班，开始阅读海德格尔的《存在与时间》。

1929年之后，科耶夫面临着各种危机，他花完了所有的钱，在巴黎的学习也总是主题多变，兴趣不定。在科瓦雷的帮助下，他最终从法国高等实践学院获得了学位。从1933年到1939年之间，科耶夫在研讨班上开设了一系列关于黑格尔现象学的课程，被后人称之为“戏剧性地塑造了这个世纪法国知识分子的视野”。

这样的说法是否夸大其词？让我们看下出入科耶夫课堂的学生名单：文学评论家乔治·巴塔耶、精神分析学家雅克·拉康、哲学家莫里斯·梅洛-庞蒂、文学家安德烈·布勒东、政治哲学家雷蒙·阿隆、文学家埃里克·韦伊，还有一位文学家雷蒙·葛诺。科耶夫的影响不限于此，美国的政治哲学家列奥·施特劳斯一直对其推崇备至，也送他的弟子艾伦·布鲁姆和弗朗西斯·福山参加他的研讨班。

对当时法国的传统而言，科耶夫提出了一种新的看待哲学的方式。他讲课不用讲稿，不用笔记，直接把德语的句子翻译成法

亚历山大·科耶夫

文，并逐字逐句地解读，避免诉诸任何书面文字。对许多法国知识分子而言，这种方式的解读是如此新颖，令他们对各种新观念和新词汇念应接不暇，他们似乎觉得永远赶不上科耶夫的思路，只能沿着他思想疾速的方向奋起直追。

1945年之后，科耶夫走了一条不同寻常的路，他放弃了在大学教授哲学的机会，而是选择进入了政府机构，成为法国经济部门的一名官员，他也是欧盟和关贸总协定（GATT）最早的设计者之一。面对很多朋友的质疑，他的回答也显得神秘莫测："我只是想知道历史是如何演进的。"科耶夫总是乐此不疲地实践着冒险历程，他花花公子般的生活，变成了实践一种哲学的生活方式。

● “社交名媛”奥斯卡·王尔德

1

奥斯卡·王尔德是在1874年、20岁生日后进入的牛津大学。这个大学汇集了当时的社会名流和不拘一格的天才人物，开始王尔德在其中并不出众，但他的爱尔兰口音，他的身高，他花枝招展的装扮，他开始营造出的警句格言式的话语，逐渐展露出了他对名望的渴求。很多校友都对他布置房间的豪奢风格印象深刻，根据留下的账单来看，王尔德几乎将自己的房间布置成了家庭沙龙的模样：他买了很多百合花、葡萄酒杯、蓝色花瓶、咖啡杯、华丽镀金的瓷器等等。每到周日晚上，当大家在公共休息室喝过咖啡之后，王尔德经常举办开放式的招待会，桌子上有调制的潘趣酒，烟斗里有上等的烟草，还有音乐。

正是在这样的一个夜晚结束后，他和他的朋友畅想了一下未来的生活。王尔德说：“我要成为诗人、作家或剧作家，不管怎样，我都会流芳百世，如果不流芳百世，就遗臭万年。”“也许我会在某段时间里过着愉悦的生活，然后整天休息，无所事事。柏拉图说过，在人间，一个人所能达到的最高境界是什么？——就是坐在那里沉思美好的事物。那也许就是我的目标。”他的朋友当然对这种想法嗤之以鼻：“胡扯，王尔德。那正是你不会做的事情。你永远不会坐在那里无所事事。你最有可能站起来，到处乱转，做各种各样的事情。”

他们说对了，王尔德更像是一位冒险家，他喜欢到处旅行，喜欢结交社会名流——更喜欢通过冒犯他们以塑造自己形象。在牛津读书时，他深受两位互相敌视的批评家约翰·罗斯金和沃尔特·佩特的影响，但一旦超越了他们，他的刻薄本性就暴露了出来。佩特去世后，王尔德评论说，他曾经生活过吗？他为自己的这种刻薄乖张的行为辩护说，批评才是最高形式的自传。他喜欢故意说着耸人听闻的言论制造自己的传奇。网上流传着各种版本的王尔德格言，其中一句是：一个人生活中的真实事情不是他所做的那些事，而是围绕着他形成的传奇，你永远不该摧毁传奇，只有通过它们，我们才可能对一个人的真实相貌略有了解。

《奥斯卡·王尔德传》中，传记作家理查德·艾尔曼把他的一生分为了“顺流”和“逆流”两个阶段：前者占据了人生的大部分，从1854年出生到1895年接受审判；后者只有短短的5年，描述了他两年的狱中生活以及出狱后如何沦落街头，最后在1900年死于巴黎破落的小酒馆。很少有传记用这种极端不均衡的形式来描述一位作家，除非出于一种制造传奇的心态。王尔德的前半生充满了离经叛道的传奇性，在他还没有写出什么重要的作品之时，已经凭借他王尔德式的格言、华丽的装饰（丝绒长裤、天鹅绒外套、黑色斗篷）成为伦敦的“社交名媛”，人们还为此编造了一个警句：“我不认识王尔德先生。不认识王尔德先生，也就没人认识你。”

2

1882年，王尔德受到邀请去美国做巡回演讲——以英国社交圈的名流，而非作家的形象出现。王尔德总是缺钱，自然不会放过这样的一个机会，尽管他对自己的演讲天赋缺乏足够的认知，但他逐渐明白自己奇异的装扮、手势以及话语的姿态都可能营造出一种迷人的氛围。2014年10月，由文化史学家大卫·弗里德曼撰写的《王尔德在美国》出版，让我们对当时王尔德在美国的行程有了更为清晰的了解。弗里德曼在书中提出，王尔德是最早意识到名声是可以先于成就到来的人。王尔德选择美国作为自己一飞冲天的平台纯属偶然，但事后看来却颇具先见之明；美国这些狂热的记者们为王尔德制造了各种上头条的话题。“在王尔德之前，没有人能如此娴熟地利用媒体去建立自己的声望。”弗里德曼说：“他发明了一种创造名声的公式，直到今日，那些名人们还在自觉或不自觉地使用着它，而他们都比王尔德肤浅多了。”某种意义上说，杜鲁门·卡波特、安迪·沃霍尔、苏珊·桑塔格都是他的门徒。

我明白了为何在阅读王尔德的传记过程中，总有许多的疑虑。如果我们把王尔德单纯看成了一个作家，我们却无法了解他的作品，或者说，当我们认为一个作家只有通过写作来建构自己的名望时，王尔德有着他自己的独特见解：“我对文人从不感到失望，我觉得他们极有魅力，让人失望的是他们的作品。”他把自己挤出了文人的行当。艾尔曼的总结道，王尔德学会了一种行动和说话的方式，他也完全明白有可能遭到嘲笑，而且也确实会遭受到嘲笑，但是，“照收这种嘲笑也是他计划的一部分。坏名声是好名声的那位邪恶的孪生兄弟；王尔德准备追逐这一位，希望另一位也会对他青眼有加”。他身体力行着他的名言：如果不能流芳百世，也要遗臭万年。

1891年的夏天，就在王尔德出版了《道林·格雷的画像》的时候，他遇到年仅21岁的道格拉斯，这时候的王尔德是36岁。这可能是历史上最出名的同性恋关系了。先是疯狂的热恋，再是激烈的指责，分分合合反复无常，一种激情的扭曲关系。王尔德的百般忍让和道格拉斯的坏脾气都出了名；王尔德出手豪阔，道格拉斯就利用这个豪阔，这些都成了当时的传奇故事。王尔德在他一生中遭受到了很多攻击：英国和美国媒体对他的嘲讽；指控他抄袭别人的作品；同性恋的谣言随着婚姻也并未散去；在出版《道林·格雷的画像》后遭受的评论抨击；等等。这些他以为自己可以完全应对，并未太多在意。但在与道格拉斯的恋爱中，他高估了自己给公众留下的印象，低估了公众对他的敌意。这就是王尔德总结出的血的格言：公众极其宽容，他们可以宽容一切，天才除外。

3

英国1885年的刑法修正案第一次禁止了男性之间的不正当关系，如有男性之间发生了有伤风化的行为，都会属于轻罪范畴，由此被定罪的人会被判定不超过两年的监禁，还有附带的苦役。王尔德与道格拉斯之间的爱情本身就属于“不能说出名字的爱”，充满了互相的利用、欺瞒和敲诈，更不要说社会的不宽容。王尔德1895年5月因为“有伤风化罪”被判入狱两年，让伦敦的男同性恋群体暴露在了公众之下。据说，原本一天从英国到法国的乘客只有60多人，王尔德被判入狱那天，从英国到法国的跨海渡轮上，乘客暴增至600多人。

艾尔曼在传记中对王尔德在狱中的生活描述甚细，包括他撰写给道格拉斯的那封长信，几经波折，在后来的1949年以《来自深渊》（又译《自深深处》）为名出版，成为他最好的作品之一。但艾尔曼写作的传记还展现了另一面，王尔德出狱后的孤独与艰难生活。在他的朋友看来，他是咎由自取，执迷不悟，仍然跟道格拉斯纠缠不清，妻子断了他的经济供给，朋友们众叛亲离，而道格拉斯也逐渐与其分道扬镳。最终，王尔德远离英国，在巴黎的破旧小旅馆中，依靠昔日朋友的偶尔施舍度过最后的三年时光，死后办了一场简单的葬礼。

爱尔兰同行小说家科尔姆·托宾在给王尔德的书信集《黑暗时期的爱》写的评论中总结说，因为一个爱尔兰人在伦敦连走好运，一个纯属私人的事，变成了政治事件：“王尔德多才智，是他那一代的善辩者，非常善于讲俏皮话，插入机智的旁白。但他

奥斯卡·王尔德

也是个不值得信任的人，注定下场很惨。他偷得了一些年的欢愉、盛名，落得的回报只是硬板床和早逝。在他短暂的生命里，他创作出了精彩的想法，大师级的语气和节奏，还有那些无可挑剔的作品。”

● 马塞尔·杜尚的签名艺术

1913年2月17日，国际现代艺术展首次在纽约举办，在一栋军械库的建筑里，来自世界各地4000多嘉宾出席，共展出1000多件展品，其中有1/3的展品来自法国。马塞尔·杜尚的画作《下楼的裸女》首次展出，随即获得了“惊世骇俗”的影响。

据说当时有半数的美国人认为这幅画是恶魔式的作品，另外一半美国人认为这幅画是当代艺术的杰作。军械库的艺术展不但对美国艺术而言是一种启示，让美国人领略了眼花缭乱的欧洲艺术的各种主义和流派。这个展对杜尚而言也别具意义，预示了他将会在这条艺术反叛之路上愈走愈远，最终干脆撇开各种理不清道不明的艺术主义，以“非艺术家”的姿态成就某种新艺术。

其实说《下楼的裸女》有些“惊世骇俗”并不确切，因为它并没有以某种色情或者淫秽的画面引诱世人。我们可以理所当然地指责以往的艺术家，因为他们的画作画着明明白白的裸体和色情，但是你无法指责杜尚的《下楼的裸女》在宣扬和挑逗色情，因为它的色情不是画家赋予的，而是通过这幅画作反映在某个观看者的脑海里。每个观看者都可以自由诠释这幅画，画上的线条和动作具有连续性，但这只是一种架构，具体的血肉和图像需要观看者的想象力分别填充，观看者成为画家的合作者和密谋者。

从此，杜尚声名大噪，在美国成为当代艺术的明星，先锋派的标志性人物。但是在法国，他只是艺术圈子里的画家，在大众世界里默默无闻，这也反映出了某种现实状况，也正是这种差别，才促使杜尚离开法国，远赴美国实现自己的艺术梦想。20世纪初的法国，各种艺术家的圈子实在过于复杂多变，几乎每天都有新主义的崛起。想想看吧，不用举别的例子，就拿杜尚家族来说，两个哥哥是画家，一个妹妹也是画家，他的妈妈对艺术也有着浓厚的兴趣，身为公证人的爸爸虽然不是艺术家，但无论从经济还是精神上都支持他们兄妹成就艺术追求。这样的经济和精神保障对他们以后的艺术之路显得颇为重要，至少对杜尚而言，他从来没有想过固守某种艺术理念和停留在某个圈子，而是不停地尝试，不停地放弃，是他的习惯性选择。与他的两个哥哥不同，他善于创造新的观念和艺术，注定在反叛的道路上越走越远。

1915年的一天，杜尚在一家五金制品店买了一把雪铲，并让人在铲把上刻下了一行文字“预防断臂，马塞尔·杜尚”。回到了创作室之后，他将这把雪铲挂在了天花板上，与那些珍贵的画作排列在一起。这是杜尚制作的第一件“现成品”（ready made）。也许，他第一次这样做的时候不过是一种心血来潮的无聊之举，但是他逐渐从中发现了某种乐趣，并开始赋予“现成品”某种独特的意蕴。

比如说，在机械时代，任何艺术作品都有被复制的可能，艺术的独一无二性已经逐渐丧失了意义，如何保留一件艺术品的独特性呢。他和朋友们深思后得出了结论，只有艺术家的签名才是一件艺术品中不可或缺的要素。不但艺术品是如此，那些日常的事物，非艺术的物件，一旦具有了艺术家的签名，自然被赋予了艺术品的特质，而且是一件独一无二的艺术品。

杜尚后来给现成品下了一个定义："一位艺术家凭借可以延续50年的巧妙策略，在签上自己的名字之后，试图让人们承认一件常用的物品，一件'被修饰'过的常用物品或将物品拼在一起的拼装体就是艺术品。"在杜尚看来，艺术并不一定宣扬的是美的艺术，美感并不是艺术的必备要素，因为同样有丑的艺术史。美丑之间夹杂的是现实，而反映现实的手段有很多种，艺术应该尽可能多地诠释各个面向，消解艺术与非艺术之间的界限。但颇具讽刺意味的是，2002年"现成品"一词被编入了法兰西学院的词典之中，这个旨在消解艺术与非艺术之间界限的先锋概念最终却逃不脱被框进艺术词典的命运。

杜尚曾在生前接受采访时说："我已成为一个'非艺术家'，而不是一个'反艺术家'……我并不相信艺术，我对艺术不感兴趣，只是对艺术家们感兴趣。"这样模棱两可的句子在他生前的访谈中比比皆是，令人难以捉摸。他没有成立某种流派，没有遵从某种主义，他只是兴致盎然地从事自己感兴趣的生活和工作，似乎从来没有集中精力去绘画和创造。当然，他认为他的生活本来就比创作重要，艺术只是某种人生的点缀。他除了绘画，还迷恋象棋，鼓捣机械，喜欢电影，对数学也很有兴趣。绘画从来不是他的唯一，一旦他有了新的爱好，就毫不犹豫放弃之前的爱好，全身心投入到新的创造发明和冒险中去。他的生活总是充满着一种发现新颖之物的乐趣，充盈着诗意般的满足。

法国艺术史家朱迪特·伍泽说到一个杜尚的段子，令我印象深刻。1919年4月，杜尚的妹妹苏珊·杜尚在巴黎结婚。远在美国的杜尚给妹妹一件结婚贺礼《倒霉的现成品》。他给妹妹写信，要她把一本几何教科书挂在自家住所的阳台上，任凭微风去选择书中的问题，去撕破教科书："风该怎么画呢？"这是一件远程的现成品，苏珊将风吹动教科书的场景拍成照片，然后将此场景绘成一幅图画，标题就用"马塞尔倒霉的现成品"。这就是杜尚的艺术，不是剑拔弩张的紧张对峙，就连恶搞和嘲讽都充满了迷人的诗意。

有评论者说："杜尚艺术最迷惑人，最吸引人的地方是：他的作品的重要性不是来自其本身的美，而是来自否定的美；不是来自意义清晰，而是来自含混不清；不是来自多产丰富，而是来自惜墨如金；不是来自充分表达，而是来自不可表达；不是来自浅显通俗，而是来自晦涩费解。"他自己都呈现出一个迷人和矛盾的综合体，艺术上的恶搞和反叛，生活中的温文尔雅，都让人难以把他的各种形象联系起来。

比如他给蒙娜丽莎画上了一抹小胡子和山羊胡子，把这幅艺术史上的神秘经典之作拉下神坛。他购买一件小便池，签名之后

马塞尔·杜尚

冠以“泉”名，拿去展览。他还男扮女装，化身伪娘。这样的恶搞现如今已是大众文化里的常态场景，但在20世纪初的时候，杜尚这样的行为艺术还被视为离经叛道。

艺术对杜尚这样的“非艺术家”而言到底意味着什么呢？无论是达达主义，还是超现实主义，无论是立体主义，还是未来主义，对他好像都没有任何意义。他与他们之间的不仅是个人与群体的差别，更多是艺术理念上的差异。对杜尚而言，艺术无界限、无流派、无主义之分，艺术之间的区别只存在于艺术家之间。艺术不能以反叛的名义暗中卑鄙地划分自己的领地，艺术的反叛才是最终的目的。

1968年10月1日，已经81岁的马塞尔·杜尚那天上午还在逛书店买新书，下午人们在家里的卫生间里发现他的时候，他躺在地上，脸上带着惬意幸福的表情，停止了呼吸。人们遵照他的遗愿，将“况且死的总是别人”这几个字刻在他墓碑靠下的位置上，刻在他名字的下方。这位生前用他的名字制造了无数件“现成品”的艺术家，留下的最后一件“现成品”也许就是这座刻有他签名的墓碑吧。

● 毛姆是几流作家

1

在1938年出版的自传性写作《总结》中，萨默塞特·毛姆回忆了他的一生。《总结》对毛姆来说是很重要的一本书，但是这本书很有意思的地方在于，它既非自传，又非回忆录。他在书中总结了他如何成长为一名作家，一个畅销剧作家，还谈到他崇拜的一些写作上的名人，总结他的写作之路，唯一没有涉及的就是他的生活——他对他的情感生活讳莫如深。毛姆曾经在访谈中提及他为何反对文学传记，他觉得自己的生活乏善可陈："现代作家的生活本身就是无趣的。"

现代作家的生活很无趣吗？仔细回味一下，相比较某些困守书斋的当代作家，以及他们完全依靠想象力支撑起来的作品，毛姆时代的作家都做了什么？想想纳博科夫贵族式的童年，以及后来的流亡巴黎，辗转美国；想想海明威在西班牙内战中的作为；想想奥威尔在巴黎和伦敦的自我流放生涯；想想马尔克斯在巴黎阁楼上的那些岁月，就知道那个时代的作家与历史的紧密关联度。

而毛姆的一生更是精彩纷呈，用传记作家特德·摩根的总结说，毛姆的一生是下列一切的总和：一个孤僻的孩子，一个医学院的学生，一个富有创造力的小说家，一个巴黎放荡不羁的浪子——值得提及的是，当纳博科夫、海明威、奥威尔、马尔克斯在巴黎都过着一种自我流放式的贫困生活时，毛姆已经是名利双收的巴黎名人。他还是一个成功的戏剧家，一个英国社会名流，一个潜入俄国工作的间谍——很大部分的原因是为了摆脱他新婚的妻子，还为了亲眼看看托尔斯泰、陀思妥耶夫斯基和契诃夫生活过的地方。他还是一个同性恋者，一个跟别人妻子私通的丈夫，一个当代名人沙龙的主人，一个二战时的宣传家：当他带着英国情报局的秘密任务到达纽约时，《纽约时报》劈头就说："萨默塞特·毛姆以英国特工身份来到美国！"

他还是自狄更斯以来读者最多的小说家，他的书被翻译成了已知的所有文字，售出了数百万册，其中最著名的《人生的枷锁》是20世纪拥有最大读者群的虚构作品之一。上个世纪20年代，他为《时尚》杂志撰稿，每个短篇已经高达2500美元。上世纪20年代末，美国股市崩盘，经济崩溃，数百万人失业，毛姆的剧作依然在各大剧院上映爆棚，而当时的杂志《大都会》甚至给他的短篇小说开出了一字一美元的天文数字的稿酬。30年代末，在毛姆声望的顶峰时期，他参加媒体访谈，两分钟就可以赚得500美元，当时的作家无人能比。他最开始在伦敦租了一套五层楼的别墅，租期800年——我开始以为自己看错了数字——更不要提他后来在法国境内地中海度假胜地里维埃拉买了9公顷的土地和一套别墅，后取名为玛莱斯科别墅：他的后半生基本就在那里度过。

2

对一个作家来说，成功只有两种：一种是文学意义上的，一种世俗意义上的。这两种成功并非截然对立，对作家而言，首先渴望的是世俗意义上的成功，拥有了名望与地位，拥有了安稳而无后顾之忧的物质保障，他才可能追求文学意义上的成功。当然，很多作家是身后暴得大名，在文学史上留下了一席之地，这样的成功来得太晚了，多多少少是一种遗憾，我们会无数次幻想，如若没有生活的困境，他们会不会创作出更多伟大的作品。

苦难的生活可能有益于写作，但对作家而言，苦难带来的更多的是写作的困境和绝望，毛姆很早就意识到，很多作家夸大了苦难的道德价值："我知道苦难无法使人更高贵，反而使人更卑微。它使人自私、猥琐、狭隘、猜忌，它把我们的注意力吸引在细小的事情上面。它没有使人超越人本身，却使人称不上真正的人；我曾残忍地写道，我们不是从自己的苦难，而是从他人的苦难中才学会了顺从。"

还有一种作家是拥有了名望与地位之后，再也无心写作，从此坠入平庸，成为时代的阴影。但是毛姆不同，他很早就意识到他有一种写作的天赋："我天生富有洞察力，拥有写对话的诀窍……写作对我来说就像呼吸一样自然，我不会停下来思考写得好与不好。"他喜欢阅读，"它是种必需，如果剥夺一小会儿阅读的权利，那我就会像瘾君子被剥夺毒品那样躁怒"；他喜欢戏剧，"把人们说的话写在纸上似乎没有建构一个故事那么难"；他对社交如此感兴趣，无论多忙，总会忙于绚烂的社交生活，他受邀参加高雅人士的聚会，他一直对观察这些人的道德习俗有浓厚的兴趣，并收集有用的材料用在他的创作里。他总是穿行于伦敦各大社交圈子里，“带着职业文人所特有的含蓄和疏离”。

英国传记作家赛琳娜·黑斯廷斯在《毛姆传》中捕捉到了毛姆生活中的精髓：写作与社交，这两者并行不悖，都是他成功的重要影响因素。毛姆是以一名成功的剧作家登上文坛的，他的编剧生涯持续了30年，成功的剧作接连上演，给他带来了巨大的名望、财富和魅力，他的作品被搬上了全世界的舞台，拍成了电影，翻译成了多国语言，成为大众生活，尤其是新兴的中产阶级不可或缺的精神食粮。随着曝光度的增加，社交圈子的拓展，认识的名人越来越多，他不可避免地产生了保护自己生活的本能反应。黑斯廷斯书写的传记原名就是“毛姆的秘密生活”，特指他的情感生活的复杂性：即所谓的“四分之三正常，四分之一同性恋”。

但是这种想法只不过是毛姆的一厢情愿。

3

很早的时候，毛姆就意识到自己是同性恋——在圣托马斯医院学习时，为了说服自己功能“正常”，他偷偷去找了一个女人，还染上了淋病，就为了证明他是正常的“双性恋”。毛姆的时代，伦敦有着广大的同性恋人群，存在着繁荣的亚文化：那里有一个谨慎的社交网络，可以从中获得性服务。但生性挑剔的毛姆是不可能去这些露天市场的，最适合他的地方就是一些沙龙女主人提供的“安全屋”。他十分谨慎地给人一种恪守常规的表象，他希望通过接受女人的性爱以及婚姻来纠正自己的性取向，至少可以使自己以异性恋者的身份进入上流社会。这种渴望正常婚姻和生活的态度源于当时社会对同性恋社会的不宽容，当年奥斯卡·王尔德因为“有伤风化”在伦敦接受审判，被判入狱两年，便是一例。这个案件影响深远，致使很多男人离开英国，远去欧洲大陆。毛姆这代人活在真实的恐惧之中，担心被敲诈，被曝光，甚至被逮捕。毛姆一生都坚定了保护自己隐私的决心，他的同性伴侣大都是他的秘书、管家、旅行的同伴。甚至到了晚年，他把他的大部分财富都留给了他的同性爱人，而不是他的女儿。

1月25日，是作家毛姆的生日，我们阅读他的作品，还有他的“秘密生活”的传记在纪念这位深藏生活秘密的作家。当年的秘密，现如今已经成为我们的谈资，当年生活在恐惧中，现如今公众已经逐渐接受了这个事实。奥威尔有句话说得好，没有一个作家的生活能够禁得起现代传记作者的严厉审视。我们与其关注作家的生活，倒不如去阅读他的著作。

无论毛姆多么成功，他都觉得自己处于“二流作家的最前

萨默塞特·毛姆

列”。这大概是他终生耿耿于怀之处：他知道自己为什么能够拥有名望、地位、数不清的情人、觥筹交错的社交生活，却不知道后人如何评价他。黑斯廷斯在《毛姆传》中总结得好：“他对艺术的热爱以及诚心的奉献使他成为有史以来最受欢迎也最多产的作家。可以这么说，他将再次抓住未来几代人的心，他的位置稳如磐石：萨默塞特·毛姆，一个伟大的讲故事的人。”

● 杀妻哲学家路易·阿尔都塞

1

如果没有1980年11月16日早晨发生的事件，法国哲学家路易·阿尔都塞也不会如此引人注目。事件发生之前，阿尔都塞已经很有名了，知识分子的摇篮巴黎高等师范学校的出身，与葛兰西并列的著名哲学家，娶了一个引人注目的女人为妻——这些都积聚在那个周日的早晨，迅速酝酿发酵成为一个巨大的丑闻：一位巴黎高师的哲学家勒死了自己的妻子。

事实上，我极其反感在一些谋杀与死亡事件上利用谋杀者的独特身份制造舆论。无论是诗人顾城杀妻，还是哲学家勒死自己的妻子，都无法逃脱世俗法律的限定范围。诗人与哲学家的身份在这样的悲剧性事件中本该不具有任何特殊性，无论是极端的恶还是平庸的恶，那是属于法律层面以外的问题，根本不能成为原谅的借口。如果说我们把目光聚集在谋杀者诗人或者哲学家的身份上，只能证明这样身份的脆弱性，以及人类不可遏制的劣根性——无论是再伟大的诗人或者哲学家都无法利用知识的智慧逃离宿命。

但是对于阿尔都塞而言，这个案件的特殊性在于，他很早之前就在接受精神分析和抑郁症的治疗。在杀妻之前，阿尔都塞已经陷入了严重的精神错乱和谵妄的梦幻之中，再加上他当时的精神分析师的证词，以及圣安娜医院提供的医学鉴定，最终法院作出了不予起诉的裁决。

阿尔都塞在医院一直待到了1983年，而后独自一人在巴黎北部，一个离高师所在的拉丁区很远的地方生活，直到1990年去世。1985年3月，他开始整理自己的观点，想讲述自己的这段特殊的历史。短短几个星期的时间，他完成了《来日方长：阿尔都塞自传》的写作。这并不是一本严格意义上的自传，也并未像我们想象中的那样是一本卢梭式的忏悔录。

2

想要归纳这本书的概要有些困难，阿尔都塞的写作具有疯狂的特征，章节之间缺乏必要的、缜密的联系，文本中充斥着大量陷入疯狂的幻想一样的情节——我印象最深的是，阿尔都塞说他对生锈的菜刀有一种偏爱，从一个商店里偷了好几把，第二天又以不合适为由，送回给商店的女店员。如果说这个事件还有可信度的话，他接着又说，他想偷一艘核潜艇，冒充海军部长，以晋升为由支走了潜艇的艇长，给全潜艇的官兵放假一周。这是一种精神病人的典型特征，从幻想写到真实，最终我们无法区分其中的界限。

这是一个典型的精神分析文本。唯一不同的是，这本书的作者也是精神分析的对象。而且因为这种自我对他者的模糊性，让这个文本多少有些可疑。如果说在法律层面上，阿尔都塞逃脱了谋杀的嫌疑，但是在道德与伦理的层面上，他陷入了更深更大的痛苦。这不是一本自白书，但是他选择了另外一种形式，从自己的成长与童年经历中找寻内心抑郁与暴力的影子。

对自己进行精神分析的一个优势在于，他知道如何建构自己的精神分析叙事，知道如何从童年或者回忆中寻找到那些蕴含着性隐喻与阉割象征的场景与画面，从这些大量的散乱的隐喻中找寻到一种说服自己的证据，进而说服自己是真正陷入了精神错乱，自己才是真正的受害者，而他的妻子遭受的不过是一种附带伤害。

所以说，阅读本书，我总有一种错觉，阿尔都塞杀妻事件是因为长期的精神抑郁，但是这本书所陈述从童年遭受母亲的象征性阉割，到五年的战俘生涯中发现手淫的快乐，乃至最后求学高师，留校任教与妻子埃莱娜及其他女人之间的紧张关系，这些故意选择的经历与事件都太具有代表性了，仿佛一种精明而故意的暗示，提醒我们他确实陷入了一种疯狂的谵妄之中。

换句话说，这本书的写作根本不具有任何自传性写作的客观性，他完全从自己的角度出发解释了整个事件的发生，而且对它进行了从童年的阴影中就开始的、长达一生的辩护。这样的辩护越多，只能证明作者内心耿耿于怀的是如何在意别人对他的评价。正如他在自传序言中所言的，辩护“也是为了我自己：为了稍稍掀起压在我身上的这块沉重的墓碑。是的，为了完全靠我自己的力量解放自己，无须任何人的建议和指教”。

3

英国历史学家托尼·朱特评价阿尔都塞的话是对的，在这样一本具有魔幻现实主义风格的回忆录中，我们阅读到的东西，只是阿尔都塞想呈现给我们的，“他并非因为发疯而只能成为平庸的哲学家；实际上可能是由于认识到自己的才智平庸，才导致他变得沮丧，甚至精神失常。假如说知识分子的历史由于阿尔都塞事件而蒙羞的话，那么这种羞辱不是他一个人的。”这种羞辱因为一个法国哲学家、一个著名的知识分子，一位共产党员的杂糅身份变得复杂起来。

笔者认为，名人的谋杀不仅是犯罪，还有可能成为一种文化与历史现象，我们渴望从这种独特的现象中观察到一种知识与权力的媾和。那些普通的谋杀者是失语者，而哲学家的谋杀可以成为精神分析文本，可以成为一种巨大的丑闻，也可以成为历史的注脚。总之，我们在阿尔都塞勒死自己的妻子事件中，都想融入自己的想法和分析。仿佛这不是一场谋杀，而只是一种文化的滋生与对抗。

对的，悲剧性的死亡上升到了一个巨大的文化事件，至少《来日方长》的写作就是这种文化事件的最终结晶，而且是由谋杀者亲自精心挑选的一系列事件组合而成的。因为这本书太具有个人魅力了，阿尔都塞的写作深具蛊惑性，我们陷入他的叙事中不可自拔，而且对他的自我剖析深表赞同，乃至于不知不觉中会暗暗迎合他所表述出来的一切。

他总是在书中使用这样的句子：“我想人家可以理解，为什么害怕被人抛弃竟能在我心中引起焦虑，使我陷入抑郁症”，或者类似于“大家知道，我和死亡始终保持着多么能动的关系”。还有他不断地示弱使用的句子“害怕被母亲抛弃，害怕父亲半夜出走，害怕埃莱娜粗暴的出走”等等，这样的措辞容易使读者陷入到深深的情感认同当中。

阿尔都塞与他女友们的关系也十分复杂，在20世纪法国的独特开放的环境中，众多知识分子和哲学家的风流韵事如家常便饭，而与他们相比，阿尔都塞与妻子埃莱娜之间因为众多女人的关系仍显得格外紧张和抑郁。阿尔都塞写道："我始终感到，除了她之外，还需要给我自己建立一个'女人的储备'，并需要促使埃莱娜明确赞同致力于此。大概我'需要'这些女人作为爱欲的补偿，以如数满足她不能给予我的部分：一个没有痛苦的年轻的身体和我梦寐以求的那个永恒的侧影，这是我受到损害的欲望所'错失了'的，以证明除了那个父亲和母亲的形象之外，我也能够对一个简简单单、撩人欲望的女人的身体有所欲望。"这样的辩护词把一个虚伪的哲学家与深陷欲望之中的男人媾和的形象统一了起来。

在《来日方长》接近结尾处，他说他之所以写作该书，是因为一个非常喜欢的女友说过一句话："我不喜欢你的地方，就是你想自我毁灭的欲望。"阿尔都塞说，正是这句话提醒了他开始写作这本书："实际上，我是想毁灭一切，我的书，我杀死了埃莱娜，我的精神分析师，但这都是为了确保能够毁灭我自己，就

路易·阿尔都塞

像我在自杀计划中幻想的那样。”他终于在长途跋涉的对自我的成长进行精神分析之后，得出了这样的结论。

不过他好像也知道自己得出的结论并不能令人信服，所以在《来日方长》的最后还收录了一篇一位医生对他的精神分析，暗示说埃莱娜的死其实是她想死的欲望在作祟，他只不过是帮助她完整了死亡的愿望。而他活了下来，写了这本书，而且说服了自己以革命导师的形象继续活下去，正如那位医生所言：“不管怎样，我把你的公开解释理解为你自己从你的哀悼、你的生活中恢复过来了。”

• 纳博科夫背后的女人

薇拉是谁?

这个反问句明显多余，介绍中说得很清楚：弗拉基米尔·纳博科夫夫人。但是我想问的是，如果她仅仅是纳博科夫夫人，值得这样大书特书，为其作传？文学史上有数不清的大作家，让人如数家珍，但是我们能记得住几个作家夫人的名字？当然，文学史上的女作家又另当别论了。她们能在文学上留名，正是因为不囿于当时的习俗和偏见，在男性荷尔蒙的天地之中，为自己挣得一份写作的权利。尽管如此，文学史上的大多数女作家的下场都不尽如人意，凄惨度日的大有人在。但是薇拉值得一书，与其说是因为她的文学天赋，倒不如说是，我们能察觉到她的文学天赋，但她偏偏甘愿放弃自己的文学梦想，成为站在纳博科夫背后的女人。

读史黛西·希芙的《薇拉：符拉基米尔·纳博科夫夫人》（以下简称《薇拉》）的间隙，我一直好奇的一个问题是，女性主义者会如何解读薇拉。她是纳博科夫背后的女人，是纳博科夫的缪斯，是纳博科夫的助手，是纳博科夫的合作者，是纳博科夫的保镖，是纳博科夫作品的翻译者，甚至一度是外人认为的洛丽塔原型。她几乎承担了纳博科夫写作之外的任何琐事，甘心做一个埋没自己天赋的女人。做一个作家背后的女人，舍弃自我意识的成长，把丈夫的梦想当做自己的梦想来实现，这种爱情才是真正的卑微到了尘埃里。

纳博科夫曾像大多数作家一样，毫不讳言对女作家的偏见。他说奥斯汀是只小猫，认为俄罗斯没有伟大的女小说家，他不鼓励自己妹妹的作家梦，他断言女性文学的格局太小，气象有限。而薇拉似乎也默许了这些偏见。她在晚年的时候仍然抱有这种对女性作家的偏见，说不喜欢奥斯汀，讨厌乔治·艾略特，认为玛丽·麦卡锡是邪恶的化身，伍尔夫的精神不正常，艾米莉·勃朗特和凯瑟琳·曼斯菲尔德只能是勉强及格。但这番话明明是说给另一个年轻的瑞典女作家罗夫听的，此举是为了鼓励她写英语小说。希芙在写到这个情节的时候，有一句话让我印象深刻："从一开始，薇拉就在罗夫身上看见了自己的影子。从她的话中，很容易看出来，薇拉为什么要放弃自己的文学梦想，转而选择借助另一个人的才华对世界言说。"

纳博科夫无疑是个天才小说家。他对语言的痴迷，对色彩的迷恋，对记忆的高度敏感，都在他的小说中表现得淋漓尽致。《洛丽塔》不是他最好的作品，但是无疑是他最为成功的作品。从《洛丽塔》开始，我们可以用世俗的成功来定义他的天才。但是在《洛丽塔》之前，我们无法知道纳博科夫距离成功有多远。

只有薇拉深信他的天赋，但是她也认为，让大众认识到纳博科夫的天赋至少还需要半个世纪，她甚至没有想到有生之年会等到这一幕。《洛丽塔》之后他们再也不用四处借宿，求职，看人冷眼。纳博科夫再也不用教书备课，完全有时间进行写作。按说这个时候，他们也完全有足够的条件来实现梦想，尤其是薇拉，她至少可以有闲暇去弥补自己以往的缺憾。但是在此之后，她把自己变成了纳博科夫的译者和文学代理人。这是个谜一样的女人。

纳博科夫的传记作者博伊德曾在薇拉的晚年与其交往很多，他认为如果选择写作的话，薇拉会是一个很有才华的作家，但是她“更强烈地坚信纳博科夫的天资，觉得帮助他展现自己的天资，成就要比自己的写作更客观”（《纳博科夫传》）。她服膺纳博科夫的天赋，于是甘心放弃自己的天赋。与这样的女人为伴估计会让很多男作家们艳羡不已。但是，同样，也会让许多女性主义者感到惋惜和可叹。

想到很多我喜欢的女作家和学者，比如苏珊·桑塔格、莱妮·瑞芬斯塔尔、汉娜·阿伦特，她们的成功就在于打破了男性掌控的界限，但是这种禁忌的破裂也意味着把自己置于大众的目光之下。

桑塔格虽然成为耀眼的学术明星，但是她的“出柜”事件显得意味深长，我总认为其中的象征意义要大于实际意义，换句话说，在孤立无援的男性世界中，女人们只能相互依靠。莱妮·瑞芬斯塔尔的悲剧在于她依附于当时全世界最有权势的男人，最终却为其背负世人的骂名。汉娜·阿伦特的例子最为特殊，因为她的恋人是大哲学家海德格尔。这个在哲学上有着极为远大抱负的男人，对他身边的女人却缺乏眼力。

我印象最深的是海德格尔曾经对他的妻子如此解释他身边为何有这么多女人，是因为这些女人们都是他的聆听者，晤谈的伴侣，性方面的兴奋剂，她们都是在为思想的孤独吹拂着抚慰的气息。她们都是替代者，替代了海德格尔原本应该与大学生、助手和同事们的谈话。他想阿伦特与他的妻子能和谐相处，想把完全不同的女人捆在一起，想“让所有的女人都作为背景各就各位”。但是汉娜察觉到他的导师根本无法给她幸福，她选择了远远离开，寻找自己的幸福和学术道路。

男人都喜欢那些为他的事业勇于献身的女人，但女人们未必接受。她们的反抗视为我们这个世纪最为荣耀的反叛。但是如果有女人，如薇拉，甘愿选择成为一个面具，一个背景，一个缺席的在场呢，这又说明了什么？这里的吊诡之处在于，薇拉是自愿放弃天赋和选择，而以上的那些女人被迫做出自己人生的重大选择。她们之间的差别不是女人之间的差别，而是女人与男人，女人与这个对女性充满偏见的世界的差别。

纳博科夫的小说中，我们很难看到善良的女人，她们一出生，就很快夭折。但是相比之下，他的妻子薇拉却是如此不同。希芙在书中这样评价：“在他们共同生活之初，她几乎是幽灵般的存在：她无所不在，但在任何地方却看不见她。”她以一种缺

纳博科夫与薇拉

席的方式在场，以一种隐匿的方式发出声响，以一种神秘的姿态成就丈夫的文学事业。她担得起一个作家的妻子，只是因为他们早已融为一体。

毋庸置疑，我们读《薇拉》是因为她的丈夫是纳博科夫。给文学家作传不经意间会把作家写成了传奇。但是《薇拉》有一个清晰而明了的注解，从一个妻子的角度审视作家的生活，从一个女人的角度关注他们生活中的细节。《薇拉》可以看做是纳博科夫的别传，但它的意义又不仅仅是如此。作家的生活是过文学的人生，但人生过处，匆匆数十载之间，文学反而只是琐碎生活的附丽。纳博科夫夫人这个称呼，薇拉当之无愧，但是又有多少个女人愿意卑微到牺牲自我的一切去成就作家的未来呢？

• 托马斯·沃尔夫与《天使望故乡》

1926年秋天，已经从哈佛大学毕业的托马斯·沃尔夫独自一人来到伦敦。那正是他的人生最为艰难的时候，孤单一人蜗居在异国，没有生活的方向和目的，他甚至根本不知道为何来到这里。这种少年式的清愁和迷惘，在一个个寂静失眠的夜晚积聚起来，总诱使他怀念起远方的家乡来。这时心中产生的那种巨大、空虚而无力的感情驱使他从床上爬起来，点上灯，打开本子，写下它心中激情的怀想：这就是《天使望故乡》创作的由来。

这本书写了将近两年的时间，两年里忧世伤生，总算在他28岁的时候完成了。但当时的沃尔夫默默无名，不认识任何出版家，也不认识什么作家，最后还是通过一个朋友把35万字的手稿试着拿给了一个出版商。几天后，他得到了出版商的回答：这本书过于稚嫩，自传的气息太过于浓厚，而且缺乏熟练的小说技巧，根本不可能出版。受到打击的沃尔夫完全相信了出版商的话，暂时搁置了他的手稿，回到纽约一所大学教书授业。等这部手稿再次引起了文学史著名的天才编辑麦克斯·珀金斯的注意时，已经是1929年初了，沃尔夫终于签署了这本书的出版合同，并且生平第一次领取了500美元的支票稿酬。

接下来的七八个月中，他开始和珀金斯一起整理他的手稿。对沃尔夫来说，本以为写作的那些日子已经是很艰难的时刻了，没想到出版前的这个时期才是他最为惶惑不安的时期，他总会产生一种梦一般的恐惧和虚无缥缈的感觉。本来对一位年轻作家来说，出版自己的第一本书应该是最为欣喜的时刻，然而随着这个时刻一天天接近，他开始变得忐忑不安。为了安抚心情，他去找珀金斯，问他能不能预言下这本书会是个什么结局，会招致一些什么样的评论。珀金斯给他的回答稍微安抚了一下他焦躁的心情：这本书一定会找到自己的出路。

这句话和后来发生的情况大致是相符的。作为一个年轻作家的处女作，这本书出版后的销量很可观，而且还收获了评论界的很多赞誉，托马斯·沃尔夫的名字已经广为人知。这些名声和赞誉都是可以预见的，但沃尔夫唯一没有预见到的情况是，这本书会在他的家乡引起轩然大波。

《天使望故乡》是一本自传性质的小说，主角尤金·甘特在一座山城里的成长经历都取材于沃尔夫本人的生活经历，也就是说，书中涉及的几乎所有的人物都能在他的家乡北卡罗来纳州的山区小城阿什维尔找到原型。在小说后来的版本中，沃尔夫专门为此作了一个序言驳斥关于他的书是自传体小说的说法。他给出的理由是，任何一部严肃的创作都必然是自传体的。他还借用约翰逊博士的话说，一个人为了写一本书可能会把他书房里所有的书全翻遍，同样地，有个小说家创造他的小说中的一个人物，就可能得把本镇上的半数的人拿来进行研究。但他的家乡人对这些辩驳根本不买账，接连几个月，平静的山城小镇像炸开了锅一样，人们在一种无比愤怒和仇恨的情绪中翻腾着。书和作者甚至遭到了教会的谴责，街谈巷议中都是对他的诅咒，总之那个小城的整个社交生活都被一种愤怒的叫喊声淹没了。沃尔夫不断地收到诋毁和辱骂的匿名信，很多人都威胁说如果沃尔夫敢回到家乡去，他将被杀死。而且他还得到了通知，说他的母亲已经病倒在床，“脸色苍白得像鬼一样”，而且“已永无起床的希望了”。

这是一种非常怪异的情形：一方面，在外界《天使望故乡》的成功已经给沃尔夫赢得了一定的声望和批评家的尊敬；而另一方面，在他的家乡，他实际上已经变成了一个无赖和贱民，“我的书为我赢来的欢欣和兴奋，与我的书在故乡所引起的痛苦和忧伤交融在了一起”。正是这样一种怪异逼迫着沃尔夫第一次严肃地思考这样的问题：一位艺术家用来创作的素材究竟来自何处？如何才能算是正当地使用了那些素材？他作为一个社会成员的责任感对他使用那种素材的自由应该控制到何种程度呢？

关于小说中描述的那些人物，沃尔夫用了一个比喻很巧妙地说明了情况。一位雕塑家，他找到了某种黏土来进行雕塑，有一个对他找到黏土的那地方十分熟悉的农民跑来看他的工作，对他说：“我知道你这黏土是从什么地方的农田弄来的。”这是一种

托马斯·沃尔夫

普通而且正常的反应。如果他对雕塑家说“我知道你所塑造的这个人是谁”就有点太不靠谱了，在沃尔夫的家乡发生的情况正是如此。一切严肃的作品都必然是自传性质的，这句话并非是说，在使用自己生活中的素材和经历的时候都可以对号入座，完全属实；而是说，小说中的一切素材和经历都具有人性的特点，贪婪与伟大，卑微与渺小，美丑互现，等等。通过阅读小说，感知到人物的真实，觉察到情感的流动，甚至融入其中，分辨不清现实和虚构的界限，这正是小说伟大和成功所在，换句话说，沃尔夫在他的家乡被骂的原因正是他成功的原因。

至今，文学史的发展已经证明，《天使望故乡》是一部天才式的作品。它同时具备一切天才的优点和缺点。那种哈姆雷特式的独白，少年维特式的抒情，乔伊斯式的意识流动都证明了沃尔夫的天才源自一种伟大的浪漫主义的传统精髓。而那种最初被出版商不看好的缺点，结构松散，情节冗长拖沓，过于沉迷于自我等等，反而衬托出了这样一个天才真真实实地存在。

沃尔夫在谈到这部书的创造过程时曾说：“我简直不能说那本书是我写出来的。它并非一字字，或一行行、一章章地构成的。它像从火山口冲出的岩浆一样从我的心中冲出。其形成的规模不是每次以千万字作为一个单位，而是以百万字千万字为一单位的。它完全抓住了我，占据了我的整个身心，而在我还没有完成它之前，对我来说，它仿佛已经了结了。一个人的心灵、头脑、肉体和筋骨，那一条生命所具有的那个小小的躯壳是不可能承受，不可能如此强大，如此宽广，足以包容为他的创作所需要的狂乱的风暴的。” 我们阅读的时候也能察觉到从文字的缝隙间漫溢而出的激情，一个个色彩绚丽的句子，一段段毫不厌倦的抒情，都提醒着我们阅读的是一部伟大的史诗文学。对，是净化心灵和渲染激情的伟大文学，而不是丑恶的令人讨厌的现实。

• 苏珊·桑塔格的女权主义

苏珊·桑塔格属于那种让我很着迷的女性。迄今为止，我还记得有两句话对她的评价很是精准到位。第一句是她的儿子戴维·里夫说，她的生活过得好像是在以一种奇怪的方式往一座图书馆里藏书；另外一句是她的传记作者说的，她是全天下爱读书的男人的梦中情人。在《永远的苏珊：回忆苏珊·桑塔格》中，美国作家西格丽德·努涅斯写出了她对桑塔格另一个很精准的印象：她是一位女权主义者——这句话本身并没有什么稀奇，但评价桑塔格的时候还需要很多修饰语——于是这句话就变成了：她是一名觉得大多数女人都有欠缺的女权主义者。

努涅斯笔下的桑塔格与以往我们印象中的桑塔格有很大不同。从她的日记中，从她的儿子戴维的回忆录中，我们已经领略到了这个女人不同寻常天才的一面。但在努涅斯的笔下，桑塔格又是另外一种模样，大概女人看女人总会有许多不为人知的细微处，有些事情，也只有女人能体会。所以读努涅斯的书算是从另外一种角度弥补了我们对桑塔格隐秘生活了解的缺失。

那是在1976年，努涅斯刚刚从哥伦比亚大学读完美术硕士，年纪轻轻，对写作之路充满了向往。此时，《纽约时报》的编辑推荐她到桑塔格的家里，帮后者回复生病期间挤压的信件。1975年时，桑塔格查出了乳腺癌晚期，医生断言她活不了几年时间，那时她才42岁。为了配合治疗，她先是做了乳房切除手术，跟着的是不断地化疗。我们能从中窥探这个女人对生命的那种不屈服地抗争，她总觉得自己还年轻，不该这样死去。正是这种固执的性格拯救了她，奇迹出现了。那些日子，她的病情开始好转，已经回家休养了。努涅斯正是在这个时候进入了她的生活，随后她又成了戴维·里夫的女朋友。一个暂时看起来幸福美满的“三口之家”似乎形成了。

但是这种安全的信号并没有维持多久。努涅斯之所以称桑塔格是一个“觉得大多数女人都有欠缺的女权主义者”，就是因为她从不用女人的观点看待女人。她觉得女权主义者不但多愁善感，而且幼稚得可笑。我记得书中写到一个细节，她说弗吉尼亚·伍尔夫是个天才，但是“将她置身于所有其他文学大师之上，如我当时那样，让她觉得幼稚、平庸”。她不喜欢那些被女性特质束缚的女人，她想当然赋予自己一种阳刚之气，似乎只有这样才能在这个男人世界中立足，但是另外一方面，去饭馆吃饭时，服务员口误称呼她为先生时，她又十分恼怒。

她的自我评价和定位似乎具有一种女性的情绪化，你不知道什么时候会冒犯她，或者什么时候恭维她最为合适。事实上，无论在她的文字中还是生活中，她总是强势出击，咄咄逼人，口若悬河，很多男人都评价她是个势利的女人，但他们又不得不承认桑塔格很漂亮，而且随着她的一系列批评文章发表，她名声在外。努涅斯说她：“虽然她经常因为自己的长相而受人赞美，但她从未给我留下爱慕虚荣的印象。我愿意打赌，在她收获的众多赞美之词中，她最喜欢皮特·哈米尔的‘拥有她同时代人中最智慧的脸’。”哈米尔是美国记者，桑塔格曾经的约会对象。

桑塔格还是一位天生的导师——我的意思当然不是指那种正规学院方式的导师，事实上，桑塔格很讨厌教书，她觉得教书束缚了她自由写作。对她而言，写作就是为了成为她自己。她不是学院的导师，但她是那些爱读书的年轻人的导师。努涅斯与她呆在一起的时候，印象最深的就是，“你不可能与苏珊生活在一起，或与她度过大量的时光，却不能不受其教导。有些人甚至只是第一次与她见面，就可能带着一份书目离开了。”

她不是教师，但是她天生就喜欢教导别人。我们无数次听过这样的事情，如果你有幸在书店遇到了桑塔格，她会告诉你应该读哪些书，直接从书架上一本本拿给你，让你买下来带走，她才不管你拿不拿得动，对她来说，你就应该这样读书。她有时候会让人觉得难堪，努涅斯就觉得有时候无法忍受她的傲慢、自负、孤独，甚至与戴维之间的亲密关系。

桑塔格曾经把她与儿子戴维之间的这种关系比作罗兰·巴特与他的母亲——当巴特的母亲去世后，巴特再也没有从伤痛中恢复过来，他失去了母亲，就失去了生活的乐趣。在桑塔格看来，她就是戴维生活的中心，是他的精神。他们走到哪里都形影不离，以至于外界有很多的流言说他们之间有乱伦的嫌疑。这种过于亲密的母子关系，最终导致了努涅斯的离开。

当然，努涅斯用一种女人的眼光清扫了桑塔格的生活，她忠实于自己的记忆和判断。同样，她更忠实地记录了这种过于隐秘的细节和八卦。比如桑塔格陷入了抑郁症，比如她与诗人约瑟夫·布罗茨基的情人约会，比如她与她的两个同性的情人之间的交往，还有她的写作之路的困惑与艰辛。

桑塔格是一个女权主义者，这句话还意味着，她想通过写作的方式证明自己可以在世俗的生活挣得文学的荣耀。但是终其一生，她的困惑在于，她想通过小说的写作证明自己的价值，而给她带来巨大荣耀却是她一系列的评论文章。努涅斯写下了讽刺意味的一幕：那些她欣赏并力挺他们作品的小说家并没有反过来欣赏她的作品，这令她很是受伤。她一次次宣称，她只是一个小说家，只是偶尔写了一些随笔而已。但是很尴尬的是，这些随笔为她挣得了荣耀，帮她发表了小说。这种讽刺性的失落，始终伴随着她，直到2004年去世。

努涅斯笔下的桑塔格是一个有着很多缺点，但是不乏智慧和天赋的女人。她首先是个女人，她受限于这种天生的文化身份，然后她才是一个女权主义者。但是她的女权只是一种生活的方式和态度，正如她的同性恋身份一样，我总觉得象征意义大于实际意义，她不过是渴望在这个孤独的世界上挣得一席之地，发出自己的声音而已。

苏珊·桑塔格

2004年，桑塔格·桑塔格去世后，儿子戴维把她葬在了巴黎蒙帕纳斯公墓，她与她的文学偶像贝克特毗邻而居。他们的隐秘生活成为我们至今还在向往文学的理由之一。

• 追忆普鲁斯特的似水年华

《追忆似水年华》这部伟大的作品，马塞尔·普鲁斯特花了15年左右，写了七卷，200多万字，中译本也有2000多页，可称得上是皇皇巨著，这样一部奇特的作品令后人叹服不已。但是谁又能想到，这样一部伟大的作品当初出版也是一波三折，麻烦不断呢。

普鲁斯特生于法国的一个富裕家庭，从小体弱多病，养尊处优，一直过着纨绔子弟的生活。大约从30多岁起，因为哮喘病发作，普鲁斯特开始闭门不出，终年生活在一个封闭的房间中，直到51岁去世。也正是在闭门时期，他开始创作《追忆似水年华》。在他看来，人的真正生命是回忆中的生活，换句话说，人的生活只有在回忆中才变得清晰而完美。由于身居病房，他只能依靠这种回忆挨过漫漫长夜，长而久之，记录回忆中的生活就成为他写作的动力。

1913年，普鲁斯特把《追忆似水年华》的第一部《在斯万家那边》拿给年轻的出版商加斯东·伽利玛。当时的伽利玛出版社还是大作家纪德在主持审稿，他翻阅着那堆乱糟糟的手稿，印象不佳。他让加斯东把小说退回了普鲁斯特。

但普鲁斯特则深信他的这部作品的价值，他最终决定采取自费的方式出版，他联系了另一个出版商贝纳尔·格拉塞。格拉塞甚至没有读过这部厚厚的手稿就与他签了合同，因为是自费出版，经济风险是由普鲁斯特承担。1913年底，《在斯万家那边》出版，由于外界对其的评论一步步抬高，又重新引起了加斯东和纪德的主意，促使他们重新审视这部书。纪德向普鲁斯特写信承认错误："拒绝这本书将是我们所犯的最大错误（因为我感到很羞耻，要负很大的责任），这是我一生中最大的后悔和内疚。"

加斯东出面去和普鲁斯特达成协议，他们要保证出完这套书，普鲁斯特才会把版权交给他们。到了1919年，伽利玛出版社出版了《追忆似水年华》的第二卷《在少女们身旁》，这本书在商业和评论上也算获得了成功：可敬但是有所保留的成功。显然这些还不够，直到普鲁斯特赢得了龚古尔奖，这样的一部名著终于有机会引起了大众的注意力，进入了寻常百姓家，几天之内存货销售一空。作为出版商，加斯东·伽利玛自然喜上眉梢，他努力补上货源，并第一次在新印刷的封皮用了腰封，上面赫然写着"龚古尔奖"。万恶腰封的历史，就是从此开始的。

当然，获奖后的普鲁斯特风光无限，评论界的声音也众口一词改了口。比如本来讨厌普鲁斯特这部小说的纪德称赞说，我在

马塞尔·普鲁斯特

普鲁斯特的文章风格中寻找缺点不可得；他不是有这样那样的优点，而是一切优点无不具备。另一位评论家阿纳多尔·法郎士说的话更好玩，他感叹说，生命太短暂而普鲁斯特太长了……

• 想与马尔克斯比肩的作家

在很多媒体的宣传中，巴西作家保罗·柯艾略都被称为是“继马尔克斯之后，拥有最多读者的拉美作家”。这种宣传口号明显是出版商含糊其辞的销售策略：打着马尔克斯的口号，为柯艾略挣钱。拥有最多读者是没错，他用葡萄牙语写就的畅销书全球总计销量已经超过1亿本。其中，单《牧羊少年奇幻之旅》（又译《炼金术士》）一书，不仅在巴西国内高居畅销榜首长达6年之久，翻译成英语后，又长期霸占纽约时报读书榜的首位。但“继马尔克斯之后”这一用语很容易误读为可以“与马尔克斯比肩”的大师级作家。马尔克斯的《百年孤独》已经证明经典也可以畅销，但柯艾略还需要证明畅销也可以成为经典。

有两个好玩的八卦与这位全球畅销书作家有关。由柯艾略亲自授权的传记《魔术师》中披露，他的第二本书《吸血鬼研究手册》，实为其好友的捉刀代笔之作；更为爆炸性的新闻是，柯艾略称自己之所以在 2002年参选巴西文学院的院士，是因为自己认为文学院是一颗“好玉米棒子”，极具利用价值，一方面用自己的声誉给巴西文学院做了免费宣传广告，另一方面他膝下无子，要是成为院士，死后遗产便顺理成章地归巴西文学院所有。另据爆料，当年柯艾略为了跻身颇具威望的巴西文学院，在参选过程中，为了稳操胜券用“畅销”来的钱先打点好了那些具有投票资格的人——看来，无论是柯艾略和巴西文学院都光彩不到哪儿去。还有另外一则八卦，由英国《文学评论》创立的“最糟糕性爱描写奖”在伦敦颁奖。柯艾略榜上有名，凭借《布瑞达》中的那段“人行道上的激情表演”，好像“生理卫生课教程”，荣获这一“荣誉”。

柯艾略曾在访谈中说，他的写作更看重的是小说的读者，因为读者比知识分子更有眼力。而且他认为自己是一个严肃作家，“这个严肃的意义是说我对自己的工作非常精心。我不认为写得晦涩让人读不懂就是严肃作家。我做的是让自己的想法与更多的人共享，越多越好。我不希望把作家分成严肃作家和不严肃作家”。他还认为自己不关心传统，他只与个别的作家易造成歧义，接受个别作家的影响，比如“博尔赫斯帮助我理解了人类的象征性语言，亚马多使我理解了巴西人的灵魂，亨利·米勒使我理解了写作必须是自发的，威廉·布莱克让我看到了写作的充满想象的一面”。可是博尔赫斯、亨利·米勒、亚马多、威廉·布莱克以及马尔克斯现如今已经是我们写作传统的一部分，柯艾略所谓的不关心传统看来是不能当真。另外，一边说着不希望把作

保罗·柯艾略

家分成严肃和不严肃作家，另外一边还称自己是严肃作家。看来面对那些已经成为传统的大师级作家，这位全球畅销的作家，保罗·柯艾略，还真有点心虚了。

詹姆斯·乔伊斯的天书

乔伊斯在写完《芬尼根的守灵夜》后，曾举行过一个小型的朗诵会，出席的都是他的一些亲朋好友。他朗诵完一段后问一位朋友的太太印象如何，她很直率地说："乔伊斯，我觉得这是文学以外的东西。"乔伊斯并没有当面回应，但是过了一会儿，他把他的朋友拉到一边说："你太太说我朗诵的是文学以外的东西。你告诉她：现在也许在文学以外，但是它的未来是在文学以内的。"

现在的《芬尼根的守灵夜》是文学以内的东西吗？当然，这部天书似的小说无论是在上个世纪，还是这个世纪都引发了很多专业领域的研究者破解它的密码结构。但是那位太太也说的对，从文学的一般性标准看，几乎没有任何普通读者会对它感兴趣。像《尤利西斯》一样，它们最终都被供奉进了文学经典的众神殿，我等凡人只负责顶礼膜拜，并不需要费尽心思地去阅读和解读——这是多年来积累的经验之谈，因为解读也只是空白。

我们面对的是这样一本书：第一遍读的时候，基本不知道写的什么；第二遍读的时候，你仍然不知道理解了多少——除非你依赖那些文学评论家的意见，但是文学评论家也不是每个都靠谱，现在的专家名声扫地，文学评论家也不能统一口径，倒是分歧越来越多。乔伊斯曾经开玩笑的口气说，他期待《芬尼根的守灵夜》的读者把他们的一生都用来研读这本书，还说这本书会使它的理想读者“遭受到一种理想的失眠症痛苦”。这是一个很有意思的语义反差，因为乔伊斯向一位朋友说过，他对这部书的构思是把它写成老芬恩做的一个梦，梦见自己死了，躺在利菲河边，眼看爱尔兰和全世界的历史，包括以往的和未来的，在他眼前流过，正如漂浮在生活的长河上的一堆堆杂物。而他在给哈丽雅特·韦弗的信中也解释说：他使用梦的形式，其实和他过去使用内心独白一样，只是“作为一种便利的手段”，因为它“变化无穷，有各种各样的可能性……给他最大的自由，可以随意插入他愿意用的任何材料——正适合一个夜晚篇”。

我无意对这本怪物——乔伊斯称他的书是一本“该死的怪物小说”似的书进行煞有介事的评论，那是自讨苦吃，很显然这是一本需要阐释和过度阐释的书。我更对他创作过程中那些奇思异想的边角料感兴趣。有个这样的段子，说乔伊斯正在房间里向萨缪尔·贝克特口述这本书时，有人敲门，贝克特没有听到敲门声，乔伊斯说“进来”，贝克特就写了下来。后来贝克特把所有的记录读给乔伊斯听，乔伊斯说：“那个‘进来’是怎么回事？”贝克特说：“是您说的。”乔伊斯想了一会儿说：“就这样吧，不用改了。”

别人会问，你想从这个段子中得出什么结论呢，是说这本书根本就是胡说八道吗——这种评价可不是我说的。早在1924年的时候，他的弟弟就说《芬尼根的守灵夜》“胡话连篇冗长杂乱”。1926年的时候，埃兹拉·庞德也觉得“对这部新作无话可说”。1928年，乔伊斯因为眼疾在美国住院期间，约了小说家

H.G.威尔斯吃饭，想请他帮助说服读者接受这本新作。过了几日，他收到了威尔斯的一封信："现在谈一谈你的这个文学试验。它了不起，因为你是一个很了不起的人，而你在你的密集的写作中发挥了强有力的表达天才，摆脱了约束。但是我认为它不会达到什么效果。你不考虑普通的人，他们的基本要求，他们的有限的时间和智力，现在你又发展了。结果如何？一些巨大的谜……所以我就问了：这个乔伊斯是个什么玩意儿，能要求我从我还能活着的几千小时清醒时间中拿出那么多小时去琢磨他，去弄清他那些异想天开的古怪念头和表达方法？"

因为《尤利西斯》是一本白天的书，而《芬尼根的守灵夜》是一本夜晚的书，所以评论家埃德蒙·威尔逊给出了这样的阅读建议，想要理解乔伊斯，最好的方法是先了解一个人在临睡前的状态。我们都有这样的印象，当临睡时，我们的意识开始进入了一种朦胧模糊的境地，所有日常清醒的意象与文字都会变得扭曲、变形或者异化。一些在睡前发生的事件会在梦中膨胀成另外一种意义和情感。乔伊斯诚实地写出梦的语言，但是这种语言很多都是臆造的词汇——翻译的不可能性，可参照本书中文译者戴

詹姆斯·乔伊斯

从容的访谈——有时候无法理解。威尔逊对《芬尼根的守灵夜》的评价很有趣，他说乔伊斯“说不定写出了世界上最伟大的梦境文学”。

从释梦的角度来分析这本书并不能让乔伊斯满意，他对心理学和弗洛伊德、荣格那一套有着很深的成见。毕竟，语言是有自己的逻辑，而梦境完全取自潜意识，无法归类和取舍。哈罗德·布鲁姆在《西方正典》中把乔伊斯与莎士比亚联系起来的评论，满足了他的一部分虚荣心。他欢迎各式各样的解读，文学的或者非文学的。这些评论经过时间的淘洗淬炼，尘埃落定，一定是文学的传奇：阐释和过度阐释构成了经典的形成史。我们一定很奇怪，这样一部评价很多，但是阅读的人很少的作品怎么会被捧上文学经典的行列，文学史上总有这样的奇事。

至少，还有人诚实地说，《芬尼根的守灵夜》是一个“令人茫然的失败”，是一个“伟人失常的表现”。英国批评家约翰·格罗斯在给乔伊斯写的评论传记中给未来读者提了一个很好的建议，他说不要被那些研究乔伊斯的狂热评论家那种“要不全然理解，要不不名一文”的说法所吓倒了，因为即使你随手翻一翻，或者集中读几个篇章，也能从中获得很大的愉悦感。阅读首先是自己的事，然后才是评论家的事，所以我写了这么多废话，你可以当做没看见。

● 罗兰·巴特的爱与死

1980年2月25日，罗兰·巴特（一译罗兰·巴尔特）刚参加完一场“大人物”的聚会，聚会的组织者是后来的法国总统弗朗索瓦·密特朗。中午用餐后，巴特步行返回法兰西学院。他走在路上，明显有些心不在焉，到学院的对面，正想穿越斑马线时，被一辆疾驰而来的小卡车撞倒在地。随后到达现场的救护人员没有在这位伤者身上发现任何证件，只找到了学院的工作卡。警察随后到学院询问时，有人通知了米歇尔·福柯，福柯前去确认了伤者就是巴特。

正如埃尔韦·阿尔加拉龙多在《罗兰·巴特最后的日子》一书中的那句评语：车祸本身平庸得令人沮丧。一个行人被车撞了，就这么简单。开始的时候，巴特的身体状况并没有引起朋友的恐慌，他的意识很清醒，还一直自责自己太不小心了。检查结果也不是很严重，没有致命的伤口，虽然需要住院疗养，但不会有什么大碍。但一周后从医院传来的消息已经不让人这么乐观：他已经不能说话了。等亲友再去医院探望时，他的身体已经插满了管子，濒临死亡。他用微弱的手势表示想拔掉管子，想毫无痛苦地离去。符号学家克里斯蒂娃回忆当时的情景：“他的眼睛闪动着疲惫和忧郁，脸色无光，他向我做了一个要求放弃和永别的动作，意思是说：不要挽留我，已经没有什么用了……好像活着已经令他厌倦。”死亡反而是一种解脱。

他曾经与克里斯蒂娃一起去了中国，此行的经历以《中国行日记》出版。他在20世纪70年代中期的北京街道上哀叹说：“他们的性欲表现在什么地方呢？”在北京参观一家学校，他看到英俊的男老师穿着蓝色的劳动服，他写道“这一切都带有色情意味”。走在北京的大街上，他甚至发现人们的发型都是规则的——“完全没有时尚可言。零度的衣饰。没有任何寻求、任何选择。排斥爱美”。他对中国的印象就是压抑。

从1977年到1980年巴特去世，这是阿尔加拉龙多写作他的书时选定的“最后的日子”。之所以从1977年开始，是因为那年对巴特而言具有非同一般的意义。1977年上半年，他被福柯推选进入法兰西学院——这个法国学术界的最高殿堂，世人皆知这是极大的荣耀。法兰西学院虽然不是大学，但具有重大的影响力，院士的讲学总能吸引大量的人群。法兰西学院院士是终身制，即是说除非有院士辞世，否则不能选取新院士。米歇尔·福柯于1970年被推选为哲学思想史院士，当时他43岁。而巴特被推选为文学与符号学院士时已经62岁了。据说，巴特最终胜出，还是因为福柯关键性的那一票。

巴特属于大器晚成的学者。他出版第一本书《写作的零度》时，已经37岁了。他出道晚，却笔耕不辍，著作等身。人们感觉他似乎对任何话题都能言之有物。苏珊·桑塔格说，让巴特面对一个烟盒，他也会有一个想法，两个想法，许多想法，然后一篇文章就成了。在她看来，这不是学问的问题，而是思想是否敏锐的问题。巴特似乎就有这种天赋，能够迅速而敏锐地察觉到问题的所在，并且用一种很尖锐的方式表达出自己的观点。他是一个天生的随笔作家，能够随时随地保持思索，并记录下来，渲染成文。巴特也是天生的专栏作家，而且是那种总是言之有物的专栏作家。但问题是，一个只写过片段的随笔作家有资格进入法兰西学院吗？这是当时巴特入选法兰西学院时受到最大的攻击。

巴特随后在法兰学院的讲座受到了很多人的欢迎，某种程度上消解了人们的对他的质疑——巴特的课堂总是坐满了人，以至于学院不得不把他的课调整到周末——他们以为周末的学院总不会有很多人来听课吧。谁知道他的课堂还是座无虚席，不得已还在隔壁的教室放置了音响，方便那些来听课的人。1977年还发生一件大事——巴特的《恋人絮语》大卖，据说销量有十万册，他成了畅销书作家。与此同时，他的朋友们围绕着这本书组织了一次声势浩大的学术研讨会。无论是在广大读者心中，还是在严肃的学术界，他的声望都达到了顶点。但是伴随着这种荣誉，各种苦恼也接踵而至。

1977年10月25日，母亲因病去世给了他沉重的一击。我们可以通过巴特的《哀痛日记》了解这对母子的关系。巴特的父亲是

罗兰·巴特

一名海军军官，他早在巴特一岁时，在一场战斗中牺牲了。从此，儿子与母亲再也没分开过。罗兰·巴特在《明室：摄影札记》（下文称《明室》）中提到了他的家庭。他说，很长时间以来，他的家庭就是他的母亲。除此之外，一无所有。了解母亲对他的重要性，也许有助于我们在阅读时理解他的心情与状态。在《哀痛日记》中，我们可以很清晰地看出巴特与母亲之间的亲密关系。母亲去世后，他就开始谈论死亡，谈论伤痛，谈论时间的消逝。失去亲人的人，大部分都会随着时间的消逝抚平自己的伤痛。但在巴特的日记中，母亲的形象随着时间的流逝愈加清晰，而他的疼痛也随之更加深刻。

在1977年10月30日的日记中，巴特写道："我不想谈什么，担心别人说我是在搞文学创作，尽管实际上文学的起源于这些真实之中。"死亡所带来的并不仅仅是一个人的离世和消逝，伴随而来的还有在活人脑中的记忆和伤痛。这种记忆上的伤痛并不一定随着时间的流逝慢慢抚平，"不，时间不会使任何东西消失，它只会使哀痛的情绪性消失"（1978年3月20日）。哀痛只会暂时消失，悲伤会一直存在，因为"我所失去的不是一个人（母亲），而是一种实质；也不是一种实质，而是一种优秀品质（灵魂）：虽非不可或缺，却是无可替代。没有母亲我可以生活（我们每个人迟早都要过没有母亲的日子），不过，我剩下的生活，一直到死，都一定是坏得无法用言语形容（无优秀品格）"。（《明室》）

在1978年4月12日的日记中，巴特写道："写作是为了回忆吗？不是为了自我回忆，而是与忘却的痛苦作斗争。因为忘却是绝对的，很快就没有任何痕迹了。不论在何处，也不论是何人。”

1978年6月5日的日记中，他又写道：“对于我来说，在我生命的这一刻（妈妈去世了），我是通过书籍被人认识的。我模模糊糊地觉得，由于她不在了，我应该重新被人认识……我认为有必要围绕着妈妈来写一本书。”他为妈妈写了一本书，这本书就是后来完成的《明室》。

如果不读巴特的日记，你很难理解这是他为纪念母亲写的一本讨论摄影的书。但是在翻看那些老照片的时候，母亲的形象一次次出现。在巴特看来，通过摄影，我们平静地进入了死亡。死亡之后，摄影留下的照片是我们保持生与死的界限的一种凭证。观看母亲的照片，其实是通过观看死亡的方式留下她生的记忆。

在《哀痛日记》中，他清晰地记录下了自己的这种心路历程，他觉得在母亲死后，这种痛苦摧毁了他，再也难以兴奋起来。对他来说，死亡的想象仪式已经在演示中完成了。他依然活着，就如同他已经死去。就在此时，他决定创作一部小说，就如同普鲁斯特在祖母去世后创作了《追忆似水年华》一样。在纽约时，桑塔格曾经问他即将写的小说是什么。巴特给不出确切的回答，他不知道会采取什么形式，他说，也许，这部小说会像他以往的文章一样，将由一系列片段文本来构成。

这个问题的困惑之处在于，如果这部小说延续了巴特以往的写作风格，他如何能延续普鲁斯特式的辉煌？他在法兰西学院开了“小说的准备”课程讲述普鲁斯特，他渴望寻找到成为普鲁斯特的秘密，但是这种找寻最终也没有让他写成一部普鲁斯特式的小说。他最后的苦恼在于，他不甘心做一个随笔作家，他的天赋受到了质疑。

从1977年到1980年，这是巴特最辉煌的时间，也是他最为痛苦的时期。他的辉煌一度掩盖了他的痛苦，他的孤独。他生命中的爱与死早已完结，在那辆飞驰而来的卡车把他撞倒在地之前，他已经考虑过死亡的到来。很多人都注意到了他对死亡的态度是“动物性”地放弃，死亡不会思想，救赎没有意义。当死亡来临时，放手就好。从此，他没有了恐惧、哀痛，再也不会孤独。

● 萨缪尔·贝克特的脸

萨缪尔·贝克特的传记作者詹姆斯·诺尔森回忆与贝克特相处时说，和贝克特相处是一件非常令人惬意的事儿，他的言谈之中充满了智慧。你只要加入到他的谈话，不出几分钟，你肯定会被他逗乐。交谈时，我们总是忍不住会注意到他那张像“阿兹特克鹰”一样的脸，尤其是那张脸上纵横交错的皱纹，给人一种饱经风霜、历尽痛苦的感觉。

平日里，这些皱纹大有一种拒人于千里之外的感觉，然而，在与贝克特交谈时，诺尔森发现这些皱纹居然也带着笑意，给人一种亲切自然的感觉。然而，他所拍过的照片中几乎没有一张捕捉到了他脸上的笑意，或许，这是因为拍照对于贝克特而言并不是一件可以笑得出来的事儿。他之所以会忍受别人给自己拍照，有时是碍于朋友的面子，有时则是对公众传媒做出的小小的让步，毕竟他也需要传媒宣传自己的作品。

偶尔，他也会同意在自己的书房里摆一些姿势，让卡蒂埃—布列松、卢特飞·乌兹科克或吉泽尔·弗伦德等大师级摄影师拍照。但是，即使是在他自己的领地上，他也不喜欢过多地暴露自我，所以，他在拍摄的过程中总是表现得紧张和别扭。

这是一个羞涩的贝克特，与我们大部分人对他的印象不同，至少在我们远远地看着那张“阿兹特克鹰”脸时，我们内心会心生敬畏。但是2009年出版的贝克特书信集中，我们又看到了另外一个贝克特：这些妙趣横生的信大多写于他二三十岁的时候，那时《等待戈多》还未问世，我们从字里行间看到的贝克特粗鲁无忌、尖刻风趣、妙语连珠、色情低俗，却又常常满怀柔情、真挚赤诚。

在贝克特书信集中，积攒了很多贝克特对某些书的恶评，正好印证贝克特的刻薄。比如他说达尔文的《物种起源》“写得没滋没味”；普鲁斯特的一些作品是“从绞痛的肚子里排出的一副伤感脆弱的假牙”；劳伦斯 “啰嗦乏味，像一根湿乎乎的引火棍”。贝克特一直是弱势群体的捍卫者，他在一封信中写道：“柯斯蒂萝小姐对我说，‘除了失败者以外，你对谁都没好话’，我觉得好久以来这是别人跟我说过的最动听的话了。”哦，别忘了艾略特，1937年贝克特写道，“艾略特的名字（T. Eliot）倒过来写就是厕所（toilet）。”

每个作家都有多面。很多时候，我们从文学中获得的印象并不完整，相反从私人信件中获得的印象更真实——但同样也是片面的。詹姆斯·诺尔森在《贝克特肖像》中记录下来的是一个已经功成名就的文学大师，诺奖获得者；而书信集中的贝克特是一

萨缪尔·贝克特

个初涉文学的青年写作者。两者结合才是一个完整的贝克特肖像，那张纵横交错的脸，历经了苦难的岁月，经过了刻薄的偏见，才逐渐形塑成了这样一副沧桑，笑意淡淡倦倦的脸。

● 被纳粹枪杀的布鲁诺·舒尔茨

阅读波兰作家布鲁诺·舒尔茨是一种难以描述的体验，他与我读过的所有作家都大不相同。我敢肯定，以后很长时间没人能够替代他留给我的那种伟大、战栗和震惊之感，连卡夫卡也不能。

很长时间里，我们对这位文学史上默默无闻的作家都知之甚少。舒尔茨于1892年7月12日出生于波兰德罗戈贝奇小镇，学过建筑和绘画，后在中学担任美术老师。他生前大部分时间都待在这个波兰小镇上，生活平淡无奇。他从上个世纪20年代开始进行小说创作，还曾和朋友一起尝试过诗歌写作，后因为挚友逝世，遗憾放弃。他的朋友死于肺结核，负责给寓所消毒的卫生人员为了防止传染，烧掉了舒尔茨和他朋友之间的所有手稿。

除了绘画和小说创作，他还曾帮助他喜欢的女人约瑟菲娜·赛琳丝嘉将卡夫卡的《审判》翻译成了波兰语。其后他曾向约瑟菲娜求婚，被拒。这是一个颇具戏剧性的事件，卡夫卡曾说，受难是他与这个世界唯一真实的联系，对舒尔茨来说，这次“受难”事件中，他失去了心爱的女人，却收获了卡夫卡。自此，文学史上，他们成为精神上的同类，文学上的异类，互相映衬，相互指涉，用不一样的伟大书写着同样的经典。

时值1942年，纳粹占领这个波兰小镇期间，作为犹太人的舒尔茨能够在很长时期里安稳度过，得力于当地一位盖世太保菲利克斯对他绘画才能的欣赏和庇护。然而菲利克斯并非辛德勒，以援助犹太人为己任，他曾枪杀一名犹太理发师。而这位理发师同样是另外一个盖世太保的被庇护者。那位盖世太保对菲利克斯叫嚣着，随手枪杀了舒尔茨：“你杀了我的犹太人，我也要杀了你的。”那一天是1942年11月9日，舒尔茨50岁。据说那天原本是他打算离开的日子，好心的朋友已经为他搞来了旅行的假文件和非犹太身份证明。

舒尔茨总被拿来与卡夫卡相比，不仅仅是他曾翻译过卡夫卡，更多的是他们都在写作中专注于内心里那个沉默无底的深渊，创造出了一个独特的非理性的异化世界。但他们之间仍然存有很大的不同，卡夫卡善于用清澈的风格书写污浊的梦魇，并且对生造格言警句有着病态的迷恋。舒尔茨则是更善于用丰富的语言描述繁复的场景，他对简洁诗学没有任何兴趣，而是对每一个句子都力求反其道而行之，繁复到极致。

作为一个现代主义者，卡夫卡被生活本身所流放。这种深刻的孤独感在舒尔茨身上重现，从他的挚友去世到求婚被拒，从他画中那些奇形怪状的矮胖男人到他笔下怪异奇特的想象世界，舒

布鲁诺·舒尔茨

尔茨无不给人一种他与现实生活格格不入的感觉：他从日常生活中割裂了出来。和卡夫卡一样，流放对舒尔茨而言，不是失去了自己的土地，而是没有自己的生活，无法在生活中找到归属感和继续生活下去的希望。于是他只能终生囿于那个波兰小镇，沉浸在那个充满神秘与象征，自我与想象，瑰丽、奇特的文学世界中。

• 玛丽娜·茨维塔耶娃之死

1922年5月，玛丽娜·茨维塔耶娃携不满十岁的女儿阿利娅抵达了柏林，想与她流落在捷克斯洛伐克的丈夫见面。在柏林接待她们的是作家好友爱伦堡，他第一次出国时，帮助茨维塔耶娃打听到了她的丈夫还活在人世，住在布拉格。也正是爱伦堡对帕斯捷尔纳克谈起她的诗歌时赞不绝口，才引起了帕斯捷尔纳克的重视。

阿利娅曾在后来的回忆中说，她母亲侨居国外的生活是一种"斯巴达式的简朴"。她不排斥时髦的生活，但是她没有物质条件去创造时髦或追求时髦，她厌恶地规避那些为了仿效她而哭穷的人，在侨居国外的日子里，她怀着尊严穿别人的衣裳。在苏联时也好不到哪儿去，茨维塔耶娃给她的朋友讲述过在莫斯科时的饥馑生活，有次一个陌生人来到家里，她由于近视，把来者当成了一个不太出名的诗人，用仅有的胡萝卜茶热情地款待客人。然而这位不速之客是一个小偷，他感到有些莫名其妙，拒绝了女诗人这种寒酸的招待，打量了一下四周，看得出这位诗人家徒四壁的境况后，在桌子上留下了几个卢布溜之大吉了。无论茨维塔耶娃用多么幽默的语调讲述这个故事，都无法让人感觉到轻松。而在国外生活的那些日子，并没有比国内的生活优越多少，除了物质上的贫困，还有精神上的饥渴与荒芜，选择回到家乡就成了她不得已的选择。

1935年的夏天，帕斯捷尔纳克去巴黎出席反法西斯大会，他见到了久未谋面的茨维塔耶娃一家。当时的茨维塔耶娃的生活很是窘迫，家属都希望让她回到俄罗斯。由于消息封锁严密，当时的侨民对国内发生的各种恐怖事件大都不知，茨维塔耶娃对国内的苏维埃革命有着极大的同情，再加上当时在巴黎的生活不如意，她很渴望回到祖国去。就此事，她当面征求过帕斯捷尔纳克的意见，他没有给出明确的意见，在回忆中，帕斯捷尔纳克写道："我不知道应该向她提些什么建议，我生怕她和她那些可爱的一家人，到了国内，生活会陷入困境并失去安定。这一家人的悲剧大大超过了我的悲剧。"我们无法原谅帕斯捷尔纳克的懦弱，他明明知道真相，仍然不敢告知。也有人说他暗示过茨维塔耶娃不要回去，但是由于她一向的固执，并没有听从他的劝告。真相已经不重要，因为结局早已注定了。她在国外生活17年后，冒着巨大的危险回到了苏联，此举最终导致了她生活的困境。1941年8月31日，诗人茨维塔耶娃在绝望中自缢身亡。

20世纪的俄罗斯大地上，苦难与丰盈并存。更多的时候，我们会认为这个多灾多难的民族，也许正是因为这种苦难才产生这

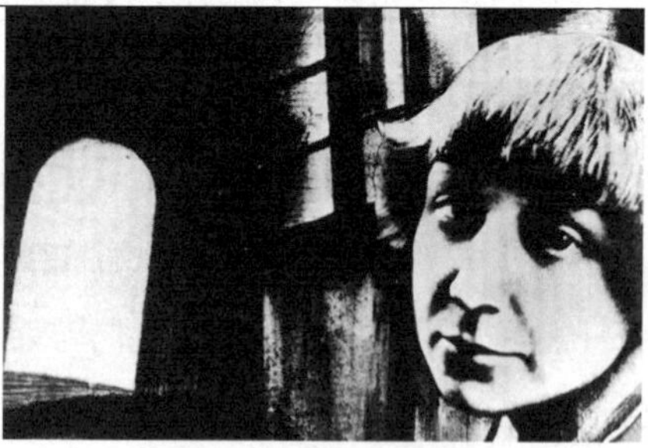

玛丽娜·茨维塔耶娃

么一大批耀眼的诗人与作家。茨维塔耶娃在苏联最后的那些日子里，从未放弃过写作，她对诗歌的追求，已经超越了单纯的文学上的意义，她的生活无所依靠，只能从精神上构建一个强大的实在，支撑着自己去生活与写作。

● 村上春树与雷蒙德·卡佛

1984年，村上春树以译者的身份登门拜访了雷蒙德·卡佛。村上刚刚翻译了卡佛的小说，在日本很是畅销。卡佛收到从远方寄来的丰厚稿酬时，内心有些意外，没想到自己的小说在日本也会受到这么多人的关注。那时的卡佛对这位年轻的译者几乎一无所知，不会想到他同样是一位优秀的小说家，而且在接下来的岁月中不遗余力地把他的小说全部翻译成日文。

卡佛正暗自纳闷自己的小说怎么会在日本畅销，他想搞清楚原因——原因正近在眼前，他却懵然不知。村上极其推崇卡佛的小说，甚至把卡佛当做最重要的导师。但是他见到卡佛时，还是觉得有些意外。他说从来没有遇到过一个身材如此高大的作家，尤其是看到卡佛喝茶时的样子，形容那看上去好像是“在一个错误的地方做一件错误的事”。

村上的这个句子给我留下了深刻的印象，是因为从卡佛的经历中，你能发现太多错误的事情。卡佛的一生甚至可以看做是一个大龄文艺青年的反面教材。也许，很多人会借此反驳说，他不是后来成功了吗，否则也不会在这里大书特书了。文学上的成功往往是文学史的虚构，人生的失意却是无比的真实。我们在读他的小说的时候，会不自觉地美化他人生的各个侧面，尽管知道他酗酒、失业，深受早婚家庭的困扰，大半生遭遇的苦难不计其数，但是在文学的光环之下，这所有的苦难都变成了大器晚成的铺垫。

现如今的我们已经很难想象，为了文学可以如此不惜一切，不管不顾地渴求文学上的成功。村上称赞卡佛是个天才小说家，天知道还有这样吃了上顿没下顿的天才。而且卡佛的天赋并不明显，他的大半生中都习惯了失败，无论在生活上还是在文学创作上。他身上唯一优秀特质是一种持之以恒的坚持，而且这种坚持还得到了另一半无条件的支持。

卡佛所有的小说似乎都遵循这样一种创作的路径，即，一点点自传性加上大量的想象是最好的创作方法。当然，在大半生的创作生涯中，他多次宣称正在构思一本长篇，但是我们看到的只有他的短篇小说，这也是生活的一种局限，一种无奈之举。没有稳定的生活和收入，依靠打零工的方式，在美国20多个地区来回地流窜，这就是卡佛一家子的生活方式。某种意义上说，卡佛也属于那种被生活放逐的作家，他的生活不断地承受失败的痛苦，乃至某一天成功突然到来，他还以为是个残酷的玩笑。对他而

雷蒙德·卡佛

言，被生活放逐成了他写作的一部分，因为只有过失败的生活，失意的人生，他才能发掘出自我的天赋，成为“贫困劳动者的诗人”和“蓝领阶层希望破灭的记录者”、美国最为底层生活的代言人。这样的话，听起来是不是很反讽？

● 当汉娜·阿伦特遇到海德格尔

1924年，汉娜·阿伦特来到马堡这个小城市，只是听说这里有一位年轻的教授，他能让思想复活，他能唤起思想的能力。她不虚此行，选了海德格尔的课，一见倾心，深陷其中，完全被这位“思想王国里的神秘国王”的魅力俘获了。其时，她18岁，海德格尔35岁。

我们已经无法确知他们最初相爱是什么时候，但随后的两年中，他们之间来往的信件不断。但他们之间的恋爱是无法对等的，海德格尔的哲学抱负远远高于对爱情的痴迷和追求，对他而言，女人是他思想的倾听者、孤独时慰藉的伴侣、甚至是性方面的兴奋剂。这段时间内，他正在全心投入到《存在与时间》的写作中，难免会冷落那个陷入爱情甜蜜，无所无惧的女学生。为了逃离这种大多数时间里都是一个人的爱情，阿伦特在1926年课程结束时，离开了马堡大学，去了海德堡，师从另外一位哲学大师雅斯贝尔斯攻读博士学位。

1927年，《存在与时间》出版引起了轰动，成为20世纪哲学史上重大事件。海德格尔多次向阿伦特吐露，在他写作这本书时，她的爱是多么频繁地在他的心头掠过。但阿伦特似乎并不领情，她反对自己在海德格尔的写作中扮演什么角色的说法，并且这个时候她尽力尝试把感情上的伤害转化成一种心智上的劳作，转化成写博士论文的动力。

以后发生的事情我们早已熟知，纳粹上台后，1933年4月21日，海德格尔当选弗莱堡大学的校长，5月3日，他加入了纳粹党。而此刻身为犹太人的阿伦特已经踏上了流亡之路，先辗转到巴黎，在巴黎沦陷时从集中营逃脱，并于1941年5月和她的丈夫海因里希·布吕歇尔到达纽约。

两人从此天各一方。也许不仅仅是在感情上的疏离，甚至在学术路径上，此时的两人已经分道扬镳。二战后的海德格尔经历了长时间的审判，他极力为自己战时的行为辩护，强调自己在纳粹时期出任大学校长，努力与政治保持一致，是基于扭转大学精神的需要。而远在美国的阿伦特在为美国民众书写存在主义的文章中，对战后的海德格尔也作出了评价，她把他定位为一个不合时宜的浪漫主义者，“责任感的完全缺失造成玩火的后果，这部分得因于天才的狂想，部分得因于他们的绝望”。这种评价虽说公允，但留给人的印象，她仿佛已经弃绝了海德格尔之思，用一种现实主义的、入世的、政治哲学的标准去衡量一个生活在营造洞穴中的哲学家。

从20世纪50年代起，阿伦特和海德格尔重新取得了联系，此

马丁·海德格尔与汉娜·阿伦特

刻的两人都已是名满天下的人物，对哲学和人生的态度自然早已形成，无可更改。虽然从私人感情上来说，阿伦特已经逐渐原谅了昔日情人和老师的不光彩行为，她甚至帮助他在美国传播他的存在主义哲学、翻译他的著作，这种融洽的关系一直持续到两人去世。但是这种私人感情上的融洽是否代表着两人之间的隔阂已经消失了呢？

• 谁在赞助里尔克

1914年7月，即将入伍的哲学家维特根斯坦，写信给《火炉》杂志的编辑菲克尔，说愿意转交给他十万奥地利克朗（约等于现今的四五万英镑），条件是把这笔钱分配给那些缺乏生计的奥地利艺术家。菲克尔并不认识维特根斯坦，还以为这是个恶作剧。当他了解到维特根斯坦家族是奥地利最富有的犹太家族之一，并且一直都在赞助艺术，才真正重视这件事。菲克尔约见了维特根斯坦，了解到他在父亲去世后继承了大笔遗产，还知道这位哲学家正在写作《逻辑哲学导论》。他们商讨这笔钱如何分配，最终决定，留给杂志一万克朗作为经费，剩下的由菲克尔选定三位主要受益人，他们分别是：诗人里尔克、诗人特拉克尔以及哲学家卡尔·达拉戈。他们每人得到两万克朗，剩下三万又分成数额不等的小笔，基本都分给了《火炉》杂志的长期撰稿人。

1

维特根斯坦大都不认识这些“落魄”艺术家，名单是菲克尔选定的，他只熟悉其中的两三人，其中最看重的就是诗人里尔克。里尔克9月份收到了这份捐赠，简直不相信这笔意外之财。他向他的出版商基彭贝格确认了此事之后，说这笔钱简直就像独角兽存在一样难以置信。也难怪，里尔克一生的大部分时间内都在为金钱苦恼，他的旅行、交际、写作、家庭和孩子都需要大量的金钱才能维持。除了稿酬之外，他没有任何固定收入，基本都是依靠那些仰慕他的诗名，热爱艺术的贵族赞助。但是，任何一笔赞助的获得都是不容易的，我们经常在里尔克的著作中发现大量的献词：他只有用写作回报这种帮助。另外，里尔克每次陷入困境，开口要求别人的帮助的时候，都会陷入一种挣扎的境遇，他需要陈列自己种种的不幸，以及他对诗歌的献身，他强调他工作的伟大属性，强调他需要守护一种孤独，寻找一种安定的环境才能写作。总之，他总能用他言辞恳切的信打动那些赞助者，得到自己想要的数额。

不过有时候，这种要求别人帮助的傲慢也会让他陷入尴尬的境遇。比如那笔维特根斯坦的捐赠，按照他的出版商基彭贝格的提议，应该把全部的钱用于投资股票，他可以用股票收益维持生活。但是里尔克要求留下两三千克朗，供他偿还债务、购物、租房、安置他和当时女友露露·拉扎尔的生活。露露是一名画家，来自一个银行家的家族，已经结婚四年，丈夫阿尔贝是一名化学家，也是一名成功的商人，拥有一家化工企业。但是露露的婚姻并未影响两人的同居生活。按照里尔克的说法，一切都宛如传奇：露露无论在经济上，还是在社会关系上都颇有实力，可以让

里尔克

他过着舒适的生活，又能给他充分的自由空间，互不干涉，这种关系是他最渴望的。

这种自由的空间是需要付出代价的，比如两人在一起生活，要租住两套公寓，只有这样才能保证互相的创作自由。但是这种额外的空间就需要额外的金钱支持才能过得下去。好景不长——真的是好景不长，基彭贝格代管的那笔投资，原本打算是维持里尔克在战争这几年的生活费用，但是里尔克总能找到合适的理由要钱，所以这笔捐赠一年之后已经花得一干二净了。

当他跟露露因为生活窘迫无法支付两套公寓的房租时，他开始出主意让露露向她丈夫求助。他甚至亲自写信给情人的丈夫希望他能“为艺术作出一点贡献”，承担下他们同居的费用。这大概是文学史最荒诞不经的一幕了。露露后来撰写了回忆录《与里尔克同行》，书中披露了里尔克的这封特殊的求助信。在信中，他先陈述需要资金的理由，如果阿尔贝觉得投资自己的妻子（同时是年轻的画家）风险太大的话，他里尔克可是一位名满天下的诗人，阿尔贝的投资和援助一定会有所回报。更奇葩的是，他还在信中将露露和阿尔贝的爱比作父女之爱，而他和露露之间的露水情缘才是艺术家真正的爱情。这封措辞奇特的信，两周之后，还真得到了回报，阿尔贝出现在他们同居的酒店，答应了里尔克的建议，替他们支付两套公寓的房租，让他们安心过着艺术家的同居生活。

2

但是，这种“美好”的生活并未持续多久，当阿尔贝跟露露提出离婚的要求，打算让他们实至名归地在一起生活的时候，里尔克开始退缩了。他对一个女人的热情基本上不会超过六个星期，与一个女人在一起越久，意味着他的写作开始停滞不前、灵感不在。他需要寻找新的灵感，结识新的缪斯，重新上路旅行，只有如此才能发现他的诗歌天命，寻找到新的灵感。里尔克的一生就是这样不断重复的过程。

在《里尔克传》中，传记作家唐纳德·普拉特将里尔克与女人关系的相处模式概括如下：里尔克通常容易受到那些年长的女性艺术家的吸引，由此爆发极其强烈情感，并获得他旺盛的创作能力。接着两人在一起生活，但时间不久，通常几个星期。几个星期之后，生活与工作之间的冲突就出现了，最终，他会做出一个坚定不移的决定：将工作放在首位，而且认识到他所拥有的只是孤独。他慢慢远离那些曾经发誓要在一起的女性，冷酷无情地抛弃她们，重新上路，认识新的女性，找到新的写作灵感。

这个模式从他的初恋女友瓦莱丽开始就建立起来了——顺便说一下，瓦莱丽资助了他的第一本书《生活与歌》的出版，这是里尔克与女人相处的第二种模式，如果没有爱情，那就一定会经济方面的资助，他热切地与那些热爱艺术并且家族势力雄厚的贵族女性建立深厚的联系。

3

在里尔克的一生中，工作是他存在的最高理由。早在他未成名之时，他就意识到他无法做到长辈所期待的那样，去学习法律，成为一名律师，找到一份很好的职业，度过一生。

为了寻找自己的艺术之路，他曾经给无数“大师”写过自我推荐信，其中一封里谈到了他对艺术之路的看法，值得现如今很多从事艺术的年轻人“借鉴”：“过去的每一天都让我看得更清楚，我从一开始就全力抗拒我的亲属们热衷的口头禅是多么正确，他们说艺术不过是从办公室或什么地方回家之后，闲暇时间做的娱乐。我发现那是一个可怕的想法。对我来说，它事关信仰，谁不怀着他全部的热望和内心的一切献身于艺术，谁就永远不会达到最高的目标，他就不是一个艺术家。然而，假如我坦诚自己是一个艺术家，这并不是过分的骄傲，也许我在力量和勇气方面虚弱无力并且迟疑不决，但仍然有一个明确的目标，意识到所有艺术创造的严肃、卓越和真实。我不是将艺术看做一次受难，而是看做一次战斗；被选中的人必须与自己、与他周围的那些人斗争，以争取内心的纯粹，迈向伟大的目标，迈向那个伟大的节日，并且将全部的技艺传递给后来者，达到平静的和解。但那需要全身心投入！”

既然要全身心地投入，当然就不能兼顾其他营生，这就是贯穿里尔克一生的生活模式，不断地旅行与写作，结识新的朋友，建立属于自己的朋友圈，尽量多结识那些赏识和赞助艺术的贵族，通过他们的支持，完成自己的诗歌使命。当然，他需要女性激发他的创作灵感，他还需要金钱资助完成他的旅程，如此等等。这些构成了他一生的生活图景。

现如今我们活在这个不重视艺术、更看不上诗人的时代，可能无法理解20世纪初的人们对诗人的崇拜有多热烈。里尔克的故事现在看起来有些荒诞，但是我们应该感谢当时的艺术赞助制度，没有金主的赞助，里尔克们的艺术人生将难以成形。

4

里尔克一生中结识了无数这样的女性，她们出身优渥的贵族家庭，喜欢艺术，迷恋诗人，推崇为艺术献身，所以我们才能理解，她们对里尔克神魂颠倒，刻薄点说，她们中的大多数，要么成为了里尔克的情人，要么成为里尔克精神上母亲和赞助人。这些女性的数量之多，让我们这些现代读者咋舌。她们有的是纯粹的仰慕者，有些是路途中邂逅的路人，有些是艺术家，有些只是帮助他租房的房主或者房客。有些人与里尔克结识的过程也很匪夷所思，比如里尔克在巴黎街道上，遇到了一位贫穷的美少女，他当即认为这个美丽的生命应该得到拯救。里尔克自己没有钱，就说服其他艺术家去资助这位美少女接受教育。里尔克站在半是父亲、半是情人的角度去关心她，这种同情心泛滥到无可救药的程度。也许这就是他的魅力所在，身无分文的时候，通过重申自己是被授予天命的诗人身份总能找到各种资助，一旦拥有了金钱，就挥霍掉，直到身无分文——维特根斯坦要是知道，捐赠给这位艺术家的钱大都花在了跟情人同居上不知道有何感想。

在里尔克身上，我们发现了一种特质：终其一生要成为一名诗人，毫不退缩，无人能够阻拦他实现“天命”。金钱也罢，女性也罢，只不过是他达到这个目标的中介。现在看来，他确实是成功了，但是我们不知道这种成功是否值得。梳理他的一生我们会发现，里尔克的成就不仅有他的诗歌，还有那些数量庞大到令人咋舌的、给无数女性写的信件。这是他的另一种文学，可以见证那个时代人与人之间情感关系的文学。

• 旅行、写作与冒险

1

我读英国作家杰夫·戴尔的第一本书是《杰夫在威尼斯，死亡在瓦拉纳西》，这是一本由两个中篇组成的小说集。当然，鉴于书名已经提示了两篇小说的主题，你完全可以把这本书当成一本长篇小说来读，他们的主角基本是一个人，也叫杰夫，身份一个自由撰稿人。第一篇小说中，杰夫厌倦了给杂志写时事评论，辞职飞去了威尼斯，报道双年展。这个故事的核心是一场在威尼斯的艳遇，以及艺术——你可以这样理解，艳遇也不过是艺术的一部分。而第二篇小说中的“我”，同样的一位自由撰稿人，受编辑的邀约，飞去印度写篇关于瓦拉纳西的旅游文章。这个故事有个保罗·奥斯特式的结局，在这个到处都飞扬着垃圾和疾病的城市，杰夫最终没有离开，理由是：我来瓦拉纳西是因为没有什么事情能让我留在伦敦，而我停留在这里也处于同样的理由，回家也没有任何事情可做。

这两篇小说都很迷人，有种慵懒而无为的调调，生活如此乏味局限，某个瞬间我们都有逃离的冲动，威尼斯是远方，有诱惑、艳遇和艺术，让人充满期待。而瓦拉纳西篇深化了逃离的哲学，因为旅行的根本意义在于返回，如果你逃离到了某地，再也不想回家，旅行就变成了对未知的冒险，旅行的意义已经不再确定。在瓦拉纳西篇里，给我印象很深的一个片段是：“我”在街上远远看到了一个推着手推车的男人，身上挂着一个南瓜。走近了才看到所谓的南瓜是这个男人的睾丸，因为病症肿胀，大到身体无法支撑，只能把它放在手推车上行走。在这个段落的最后，杰夫·戴尔写道：“在瓦拉纳西，所有的一切都到了伤感的最极端。在欧洲，我们有西西弗斯和他的石头，在瓦拉纳西，有这个男人和他的睾丸。”

这就是杰夫·戴尔的小说最迷人的地方，他总能在行进的途中发现很多被人忽略的细节，而这些细节构成了整个旅途的意义所在。比如在威尼斯篇中，同样的主人公杰夫在街上遇到了一群非洲人在烈日炎炎下向游客兜售着假名牌包，而另外一群游客对着这群非洲人和顾客拍照录像。杰夫敏锐地意识到了这个场景的荒诞和隐喻性的意味：非洲人在这里变成了艺术品，真实生活里的装置艺术，威尼斯风景的一部分，游客相机中的值得留下的记忆，而非洲人贩卖的假名牌包——劣质的商品，在威尼斯的语境中，就变成了艺术品，就如同我们在任何景区购买的劣质工艺品一样，“在这个时代，所有的事物都不是它们表面看起来的样子”，任何东西都要包装起来才会有人欣赏、观看和购买——我们不购买商品，我们购买的是灵魂的喜悦，精神的满足，心灵的悸动。

我习惯用知识分子小说来定义杰夫的作品，不仅仅是他的小说中总是出现评论家和自由撰稿人身份的主人公，还因为他涉猎的写作主题基本都与知识分子的生活相关的。这种知识分子的写作也是对宏大叙事的一种解构，他的作品中没有生死、国家、英雄、史诗性等大主题，只有一个人的困惑和发现，正如他在访谈中承认的："我一向不去考虑一些关于大主题的问题。我现在的年纪，也不会去考虑死亡的意义等这些问题，我更多地在意生活中的小细节。可能这些细节对你们来说甚至是无聊的。但本质来源于细节。小事情微不足道，但大事情都是由很小很不起眼的事演变而来的。世界和生活就是如此。"

2

《杰夫在威尼斯，死亡在瓦拉纳西》被称为杰夫最好看的小说——对一个正在写作的作家而言，这种赞誉可不是好事。但是，某种意义上，这句话也是对的，因为他本来就没有想在这种虚构文体中停留太久，他的作家影响力也并非建立在这种纯粹的虚构文体上，一旦他尝试过这种形式的创作，就开始丧失了兴趣，转向了其他的更有挑战性的写作。杰夫的魅力很大部分就在于，他的好奇心一直都是多变的，他的创作也从来没有固定的文体。就拿中文版的作品来说，《然而，很美》是一本爵士乐之书；《一怒之下》是关于作家D.H.劳伦斯的书，腰封说是劳伦斯的传记，其实还掺杂着介于虚构与非虚构之间的杰夫的故事；《懒人瑜伽》是关于旅行的书；刚刚出版的《此刻》是关于摄影评论的随笔；《潜行者》是关于安德烈·塔可夫斯基的电影《潜行者》的评论，就连他最接近侦探小说的《寻找马洛里》，我们也很难用普通小说的元素来规范他的写作——这本小说很容易让人想起保罗·奥斯特的《纽约三部曲》。他习惯用评论家的身份和眼光来写作，这种小说给人的印象是缺乏固定的故事和情节，但是却有很强的形而上属性。与其说我们喜欢读他的小说，倒不如说我们喜欢看他笔下的虚构人物用评论家的眼光打量这个世界。

比如在《寻找马洛里》中，沃克帮助神秘女子蕾切尔寻找她失踪的丈夫马洛里，随着旅途的进展，其间发生的事情愈发荒诞不经，他走到一座城市就觉得会被困在那里再也走不出去。在路途中的火车上，沃克遇到了一位阅读《汤姆·琼斯》的乘客，沃克想到了他曾经读过这本书，但是几乎忘得一干二净了："几乎忘记是讲什么的了——汤姆在寻找走失的哥哥还是妈妈，或是恋人。在任何情况下，不论他要找的是谁，其实都只是个自己的冒险找一个借口。"

3

这也是杰夫所有作品的一个主题，不断地旅行、行走、冒险，发现新的好奇心——艺术上的好奇心同样如此——然后写作。杰夫回忆说，从牛津大学的英语文学专业毕业后，他以为当个作家就是写小说，要么做个评论家，评论作家写的小说。然后他从罗兰·巴特、本雅明、雷蒙德·威廉斯，以及对他影响最大的老师约翰·伯格那里发现了还有其他成为作家的方式，他可以成为本雅明笔下的都市里的闲逛者：读书、欣赏绘画、聆听、沉思，然后开始写作。可以说他所有的作品都是践行这种生活方式的结晶。不断地行走，发现新异之事，陌生的风景，生活在别处，一直在路上。可以说，他用自己的写作践行了爱德华·萨义德笔下的知识分子的流亡般的生活方式——也许这么说并不十分准确：流亡这个词汇过于强调政治和苦难，杰夫的生活方式则更接近于旅行，强调的新鲜的审视角度，相异的生活节奏，不同的人相聚在一起，提供一种共同在场的存在感。

这种旅行提供的灵感贯穿了杰夫的所有作品，无论是虚构的还是非虚构的——就连写劳伦斯的《一怒之下》都有他的影子，主人公打算写本劳伦斯的传记，但是又不知道去哪里写，就陷入了选择困难症：在巴黎、罗马、希腊之间摇摆后，终于去了意大利的西西里，写作变成了旅行，或者说，写作首先就是一场旅行。传记变成了游记，游记又掺杂着虚构小说的影子，因为他还打算写本小说——最终呈现给读者的是这样一本“四不像”的书：杂糅游记、传记、日记、文学评论。这种“四不像”，是只属于杰夫戴尔的文体。

在《此刻》中，杰夫引用了鲍德里亚的话来评论摄影师罗伯特·弗兰克的摄影作品。弗兰克喜欢拍摄移动的事物，为了拍照，他开着一辆二手车走遍了美国的48个州。他的大部分照片似乎都沾染了这种移动的速度，有种很不安分的特质，就连那种固定地点拍摄的照片也都像是在移动中拍摄的。据此，杰夫引用鲍德里亚的评论说，旅行的快乐在于“投入那些他人被迫生活的地方，然后又毫发无损地抽离，充满了将他人遗弃在其命运中的恶意的快感。甚至当地人的幸福也被暗中放弃”。直到有一天，你把这种旅行的快乐变成了自我的发现，到一个陌生的地方，被困在那里，再也没有离开过。杰夫的写作，几乎每本书都不一样，似乎也源于这种发现的恐惧，害怕被一本书困在原地，再也找不多新的灵感，只有不断地旅行，冒险，写作。

怎么去评价这样一本书呢？《此刻》更像是一本摄影清单，而且是那种毫无秩序的摄影清单，刚读的时候会摸不着头脑，完全抓不住主题，虽然杰夫说唯一的主题是美国摄影师拍摄的关于美国的照片——但是美国摄影师的拍摄主题有千百万，我们无法归类，所以唯一的秩序就是作者的感受力和联想力。换句话说，这是一本没有主题的书，唯一的主题就是对摄影的评论——说评论可能不太恰当，评论的阐释意味太强，而“此刻”强调的是当下的感受，就如同拍照，按下快门的一瞬间，定格的一瞬间就是永恒。《此刻》是你观看一幅照片的感受，这种感受带有一种即时性，就在那一刻，你调动你所有的经验，靠近一张旧时光里的照片。而表达这种经验就变得强烈而迫切，稍瞬即逝。这是一本实验性很强的写作，像杰夫的任何一本杂糅文体的写作一样，看似杂乱无章，实则美妙无比。他评论的照片看似有很大的偶然性，但每一张照片都能引出另外一幅相似的照片，每一位伟大的摄影师都“创造”了他的前辈，一张照片的故事就变成了摄影师与他生存时代的紧张关系。

杰夫·戴尔

杰夫·戴尔的评论——摄影、电影、文学、艺术评论——写得随意而放肆，他的天赋就在于观察到不为人知的细节，并提炼出精妙的感受，他的文字清晰而准确，直接切中我们内心中模糊的那个点，读他的作品都有这种豁然开朗的感觉。但是，评论杰夫·戴尔是一件吃力不讨好的事情，因为他不需要评论，只需要阅读。他的作品反对阐释，任何评论者对他的阐释，都没有他在自己的作品中评论得恰如其分。所以，我们的阅读大概就是最好的评论。

● 二手时间

2015年的诺贝尔文学奖得主S.A.阿列克谢耶维奇在获奖演说中回顾自己的写作历程说，她写了五本书，但其实是一本书，一本讲述乌托邦历史的书。这五本书始于讲述苏联卫国战争期间女性故事的《我是女兵，也是女人》（1985），终结于讲述苏联解体后，普通人生活的《二手时间》（2013）。如果说在阿列克谢耶维奇获奖之初，我们还争议于她的文献式写作是否属于伟大的俄罗斯文学序列，现如今可以平心静气通读她的系列作品，作出自己的判断了。

这样说可能有些马后炮，但是我觉得阿列克谢耶维奇的写作被严重低估了。我们先从最基本的争议部分开始，阿列克谢耶维奇的作品到底属于记者采访实录，还是作家的创作？单从内容看，我们很容易会说这种写作其实就是记者的采访手记。但是世界上有这么多记者，每天遭遇不同的大事件，却从来没有一个记者像她一样写作。给你同样的素材，你也无法写出类似的东西。尽管采访内容很重要，但是如何筛选和剪辑材料同样不可或缺。新闻与文学之间的细微差别就决定了写作者是一个纯粹的记者，还是一个优秀的作家。

以《二手时间》为例，在采访之初，阿列克谢耶维奇的核心观点已经塑造了这本书的灵魂，她想通过这本书寻找苏联的精神内核，这种精神如何塑造了整整一代人；当苏联解体时，这种精神又如何摧毁了一代人的集体存在感。所以她才说，这本书里有这么多自杀者的故事，因为他们无法摆脱伟大的历史，无法和那段历史告别，无法接受另外一种契诃夫式的平常生活和幸福感，不能完全融入和消失于个体生活中。苏联解体了，但人依然存在，像丧失了根基一样，只能生活在废墟之上，虚无之中。

与阿列克谢耶维奇之前的写作不同，《二手时间》不再关注战争这样的宏大叙事，她深入到了个体的生活。这种转变从她写切尔诺贝利和锌皮娃娃兵就开始已经开始了，幸存者的讲述构成了她作品的基调。但是在《二手时间》里，这种转变的凸显是有意的：战争已经结束了，但是从个体的讲述中，战争的阴影依然还在，恐惧如影随形。那一代人从小被灌输的只有战争，没有生活，一旦没有战争，生活就"崩溃"了。面对新的世界，人们需要思想，但是没有人学会思想，人们只记得恐惧和谈论恐惧。和平年代，成为了战争和恐惧的反讽。

我想起一个段子：20世纪40年代末的一天，阿赫玛托娃与娜杰日达·曼德尔施塔姆在列宁格勒散步，前者突然感慨地说："想想吧，我们生活中最美好的岁月却是战争时期。这么多人死

S.A.阿列克谢耶维奇

去，人人都在挨饿，我儿子参加强制劳役。”20世纪30年代的恐怖，给阿赫玛托娃那样的人带来了巨大的痛苦。在他们眼中，战争反而成了一种解脱。帕斯捷尔纳克在《日瓦戈医生》的尾声中写道：“战争爆发后，真正的恐怖和死亡的威胁，相比谎言的不人道，反而成了一种福分。它又成了一种解脱，因为它打破了一纸空文的魔咒。”这也许是那个时代活过来的人们的普遍心态。

阿列克谢耶维奇曾经在采访中提到过很重要的一点，她说在采访阿富汗战争的幸存者的时候，第一次发现，她从小接受的俄罗斯文学的经验不够用了，根本无法用来思考这些人经历的事情，就好像出现了某种文化断层，“俄罗斯人遇上了过去从未遇见的事”。艺术无法应对生活的剧变，这恰恰就是史诗文学丧失的缘由。也许这点可以看作是为阿列克谢耶维奇的写作辩驳的理由。她的写作不是续接伟大的俄罗斯文学。相对于19和20世纪的俄罗斯文学，她的写作是重新开拓和定义俄罗斯文学的疆域。我们更加熟知的是陀思妥耶夫斯基和托尔斯泰等人为代表的俄罗斯文学，他们代表了俄罗斯文学的优秀传统，但是这种传统无法应对苏联解体之后的文化断层，以及极具消费主义表征的日常生活。也正是因为如此，很多人觉得，阿列克谢耶维奇的写作是无法代表俄罗斯文学的，因为她的写作中缺少了伟大的的文学形象，伟大的主题和构思。

但是如果继续塑造那种知识分子的苦难形象，其实是无法真实描述这个时代的。《二手时间》中有很多次提到苏联时期的“知识分子厨房”：十分简陋，只有几平方米。这样的厨房不仅是做饭的地方，也是产生思想和辩论的所在："在19世纪，全部俄罗斯文化都存在于贵族式的庄园里，到了20世纪就产生于厨房里。改革思想也是从厨房出来的。"总是没完没了地续茶，一杯一杯地喝咖啡，还有伏特加，什么话题都敢聊：尖刻的抨击，生活的意义，普世的幸福、帕斯捷尔纳克、曼德尔施塔姆、索尔仁尼琴、萨哈罗夫、斯大林。这是一群"厨房里的持不同政见者"，他们的窃窃私语也是知识分子式的，可以一直聊到深夜，第二天恢复正常去上班工作，就好像过着一种分裂的生活一样。但是有一天，这个世界变了，当他们不用躲在厨房里遮掩着自己的想法，反而感到无所适从。他们以为在厨房里生产的是思想，梦想着的是革命，阅读的是伟大的、可以指导人生的俄罗斯文学，但这一切就像脑海里的幻想一样，面对着剧变后的世界，随即崩塌了。

《二手时间》里有很多让人难忘的采访者的记录，但是我始终难忘的是这个部分：人们开始卖掉了自己的藏书，当然可以说是因为贫穷，因为需要钱，但更根本的原因在于"对书的失望。彻底绝望。就连对别人提出这样的问题都会显得不礼貌：'你现在读什么书呢？'生活中发生了太多的改变，只有在书中没有变。俄罗斯长篇小说从来不教读者如何在生活中取得成功，如何致富……奥勃洛摩夫一直躺在沙发上，契诃夫的主人公永远是边喝茶边抱怨生活……"这恰恰是阿列克谢耶维奇伟大之处，她抓住了俄罗斯文化的核心部分，无数伟大的灵魂失去了生存的土壤，他们坐在苏联社会主义的废墟上，茫然而孤独。

阿列克谢耶维奇的文献式写作注定会充满争议，因为她的写作是反传统的，是碎片式的，是借用别人的思想写作自己的主题。但是正是这种写作形式重新定义了这个精神分裂时代。我们总哀叹于20世纪后半页的俄罗斯再无伟大的文学史诗，按照这个词的传统定义，只有描述伟大的文明和英雄的文学才能称之为史诗，当宗教在生活中的影响力日益削弱，英雄遁入到日常生活，被平庸和乏味消耗殆尽，文学只能如烛照之光，苟延残喘。如此以来，反而是阿列克谢耶维奇另辟蹊径，从文献式的日常中打捞出了文字的闪光部分，延续了着俄罗斯的文化余韵。

II

第二辑

藏书家与偷书贼

•《日瓦戈医生》与文化冷战

1

1945年秋天，哲学家以赛亚·伯林以英国驻莫斯科大使馆工作人员的身份，拜访了住在莫斯科附近作家村的鲍里斯·帕斯捷尔纳克。在他们的聊天中，帕斯捷尔纳克提到他正在创作一本新的作品："它是新的，清新、典雅、比例得当，具有经典作品所必需的纯粹和简洁……它将是我的最后一部作品，也是我面世的最重要的一部作品。我希望它是一部能被大家牢牢记住的作品；我将用我的余生全力写好它。"当时帕斯捷尔纳克已经完成了前几章的草稿，并要伯林带给他在英格兰的两个妹妹，这就是《日瓦戈医生》的雏形。

1955年12月，帕斯捷尔纳克终于完成了他的长篇小说《日瓦戈医生》，他欣喜若狂地给朋友写了一封信："你无法想象我做到了什么！我给那些所有导致痛苦、迷惘、惊愕和争辩的事物命了名，而且是用最简单、直白且悲伤的词语。同时我还重新定义了那些最重要的事：天空与大地，激情与创新，生命与死亡。"

10年之间发生了太多事情：帕斯捷尔纳克的婚姻危机，情人的被捕，诗人好友安娜·阿赫玛托娃被批判，他自身也遭受到苏联作家联盟的批评，当然，还有斯大林的去世。很多人都认为，大部分作家经历过残酷的大清洗和批判，帕斯捷尔纳克能够安然无恙，与斯大林对他的"特殊照顾"有关。据说在1949年，上面曾经计划逮捕他，斯大林吟诵着他的诗歌，阻止了这场即将到来的杀身之祸：“别动他，他是个生活在云端的人。”

2

1956年，伯林再次见到他时，他已经将《日瓦戈医生》的手稿偷偷带给了一家意大利出版社。在与伯林的交谈中，帕斯捷尔纳克已经意识到这本书出版将会引起一场巨大的风暴，他做好了受难的准备，他只希望这部小说能够传遍全世界，像熊熊燃烧的火焰一样去焚烧、去摧毁人们的心灵。为了对即将到来的政治风暴做好准备，他请求伯林把书稿的副本带回英国，让居住在那里的俄裔群体读到这本书。

伯林按照他的要求把书稿拍成微缩胶卷，做了12份副本，分藏在上不同的地方。在写给在英国的妹妹的信中，帕斯捷尔纳克着重提到说“这是一部重要而有普遍意义的小说，它的命运不能成为我自身命运的附庸，也不该用我的福祸质疑这本书”，他要求两个妹妹帮他找一个合适的译者：必须是英国作家，而且熟练掌握俄语。

1958年，伯林撰写回忆文章，提到帕斯捷尔纳克的无所畏惧的勇气：“一个忠诚老实、才华横溢的人生活在一场他从未反对过的革命之中，越过他的祖国同胞直接向世界发表作品，此举本身就极其让人惊诧和震撼。”

3

《日瓦戈医生》意大利文版于1957年11月15日出版，立刻成为畅销书，五天后第二次印刷，加印了3000册。与此同时，这部书的俄文手稿，也被送到了美国中央情报局总部，并引发了一阵骚动。当时的情报局主管称这本小说是“斯大林死后出自苏联作者之手最为异端的文学作品”，所以他们建议应该出版尽可能多的外国语种版本，在“自由世界”最大限度地发行，并考虑推荐帕斯捷尔纳克得到诸如诺贝尔奖之类的荣誉。这一建议得到了艾森豪威尔政府最高层的支持。情报局还提到千万不要在美国出版该书的俄文版，而是利用欧洲小国的资源，以免让苏联抓住把柄大做文章。此外，他们也考虑到，如果美国公开参与，可能会给苏联迫害帕斯捷尔纳克提供借口。

冷战时期，西方国家与苏联形成对抗性的力量，双方都具备了核武器，任何战争恐怕都会触发冲突升级，因而战争很多时候变成了地下形式的战争，更多表现为文化的对抗。中央情报局相信思想的力量，新闻、艺术、音乐、文学等形式可以慢慢腐蚀苏联和东欧卫星国的人民。他们非常重视举世闻名的大作家的引导性力量，他们的著作成为文化之战的重要武器。这大概也是一种传统，19世纪的英国首相本杰明·迪斯雷利就对书籍的力量十分敬畏，他在一项禁令中写道，“一本书的重要性可能并不亚于一场战役”。

而美国中央情报局的一位负责人也写道：“书籍同所有其他宣传媒体不同，因为一本书就可以使读者的态度和行为发生很大变化，这是任何其他单一媒体所不及的，所以要把书籍当做长期战略宣传最重要的武器。”

当时的中央情报局的秘密图书出版计划确定以下目标：“通

过秘密资助外国出版社或图书销售商，在海外出版或发行书籍而不暴露美国插手其事。出版图书不应与美国政府有任何公开的联系以免受到‘污染’，对于立场敏感的作品，尤其要注意。出版图书是出于行动的需要，不要顾及商业上是否有利可图。提倡并资助当地的图书或国际组织的图书出版或发行。鼓励不知名的外国作家撰写具有政治意义的书籍，其方式是，如果公开联系可行，可直接资助作者，否则就通过文学经纪人或出版商间接资助。”

4

美国中央情报局非常钟情于利用小说，短篇故事和诗歌等文学作品。乔伊斯、海明威、艾略特、陀思妥耶夫斯基、托尔斯泰、纳博科夫等都是他们属意的作家。书籍可用作武器。如果一件文学作品在苏联或东欧看不到或被禁止，就意味着这部作品或者对苏联构成挑战，或者与苏联现实形成对照，中央情报局便要设法把这部作品送到社会主义阵营国家的公民手中。从20世纪50年代图书计划诞生到苏联解体，中央情报局共向东欧和苏联散发了1000万册图书和期刊。其中既有向偷运书籍的出版商或机构提供资金的行动，也有像《日瓦戈医生》项目这样由中央情报局独自运作的活动。

在执行这项计划的最后几年里，中央情报局至少每年向苏联运进16.5万册图书。装在衣袋或衣箱中偷运的图书不仅有小说，还有“字典和语言类、艺术和建筑、宗教与哲学、经济学、管理、农业、历史、回忆录等书籍和图书目录”。

可以说《日瓦戈医生》的出现恰逢其时。在中央情报局的暗中支持下，小说的俄文版在1958年9月在荷兰印刷出版，随后被发散到中央情报局在西欧的各个据点：200册运回华盛顿总部；200册运到法兰克福；100册发到柏林；100册到慕尼黑；伦敦25册；巴黎10册；最大的一个包裹365册，运到了布鲁塞尔。这些书籍通过不同的方式被偷运到了苏联国内，更多俄国人读到了这本被禁的作品。

当时的俄国人对这本书的热爱让情报局的人员也大吃一惊，人们在传阅这本书的劲头，不亚于在宿舍偷偷传阅色情畅销书。而期盼已久的作家本人，也在国内看到了这本书，尽管印刷质量不甚满意，错误比比皆是。然而还未等他仔细检查审阅，帕斯捷尔纳克将获得当年度的诺贝尔奖的消息，又将他推到了风口浪尖，而一场针对他的政治风波正在酝酿之中。

5

帕斯捷尔纳克1946年就曾被提名诺贝尔奖，从那之后，几乎每年他的名字都会进入到最后的提名名单。1957年法国作家阿尔贝·加缪获奖之后，帕斯捷尔纳克在给他妹妹的信中已经意识到，如果他获奖，可能会带来一场灾难："假如照有些人所想，诺贝尔奖顶着苏联的抗议颁发给我，我也许会受到来自各方面的压力，要我拒绝接受。我觉得自己有足够的决心抵御压力。但他们不允许我前去领奖。"随着1958年6月和9月份，小说的法文版和英文版上市，铺天盖地的评论淹没了媒体，也给帕斯捷尔纳克再次提名诺贝尔加重了砝码。

帕斯捷尔纳克一直都关注小说在西方的反应，他曾经认为，如果当时苏联官方能够以“公开审查”的形式出版了这部小说，可能会平息事态。而“被禁”反而成为这部小说宣传页面上最吸引眼球的地方，成就了一本书的神话。苏联官方越是谴责这是一部臭名昭著的书，越是引发更多读者的兴趣。就算有读者声称，这本小说无法与19世纪的文学名著相比，但这种微末的论调也早已被大量的好评淹没了。

值得一提的是，当时在美国的俄裔小说家纳博科夫对这本书的态度。《日瓦戈医生》的英译本出版时，《洛丽塔》正占据在《纽约时报》图书排行榜的第一位，保持了七个星期后，纳博科夫的小说被挤到了第二位。当初在寻找《日瓦戈医生》英译本合适的双语作家时，有人推荐纳博科夫，因为无论是从掌握俄语和英语两种语言的熟练程度上，还是对诗歌的写作的推崇上，很多人都觉得纳博科夫是一个合适的译者。但帕斯捷尔纳克拒绝了，他给出了一个奇怪的理由，他说担心纳博科夫“嫉妒我在这个国家的不幸处境”——他的生活岌岌可危，处处受到监视，而纳博科夫生活在美国，衣食无忧，声誉日隆，他有什么好嫉妒的？不过，帕斯捷尔纳克的感觉是对的，纳博科夫并不喜欢这部作品，在读到《日瓦戈医生》的样书后，他对记者说：“从艺术上看，《日瓦戈医生》很拙劣、笨重、陈腐、做作，老套的场景，沉湎于酒色的律师，不可信的女子，浪漫的暴徒，陈腐的巧合。”随着帕斯捷尔纳克获得诺贝尔文学奖，他更加相信这本书在西方的畅销是苏联制造的一个阴谋。

而纳博科夫的老友，著名的文学评论家埃德蒙·威尔逊却表达的不一样的看法，他在评论中说："我相信，《日瓦戈医生》将会成为人类文学史上和道德史上一个伟大的事件。一个没有天才勇气的人是无法写出它并公之于众的。"

估计当年的瑞典文学院也是这样认为的，于是在1958年10月23日，帕斯捷尔纳克获得了诺贝尔文学奖，获奖的理由是："他在当代诗歌和伟大的俄罗斯叙事传统领域取得的卓越成就。"瑞典文学院并未着重提及《日瓦戈医生》，这是考虑到帕斯捷尔纳克在苏联的安全采取的谨慎言辞。随后小说的销量力压《洛丽塔》，成为销售冠军。而等待帕斯捷尔纳克是一场巨大的批判。

6

从1958年10月25日到12月1日，苏联《文艺报》上共刊登了423封的公开信，绝大多数都是苏联读者的真实反应。不出所料，读者看了前些日子连篇累牍的信息，认定帕斯捷尔纳克是个只认钱财的叛徒，污蔑革命、污蔑苏联。许多读者认为，这不仅是让人难过的侮辱，而且是在攻击他们建设苏维埃社会取得的成就，帕斯捷尔纳克应该被逮捕，或者驱逐。迫于压力，考虑到家庭受到的威胁，帕斯捷尔纳克最终发表声明放弃诺贝尔奖。

在西方，得知到作家遭受批判，很多作家都发表声明声援帕斯捷尔纳克。海明威说如果帕斯捷尔纳克受到驱逐，他愿意赠送他一所房子。"我要为他创造继续写作所需的条件。"海明威说："我能理解此时鲍里斯心中有多矛盾，我知道他对俄国多么依恋。对于帕斯捷尔纳克这样的天才，与祖国分离将是一场悲剧。但是，假如他来到我们这里，我们不会让他失望。我会尽自己微薄的力量为世界拯救这个天才。我每天都思念着帕斯捷尔纳克。”

在《纽约时报》在一篇题为“帕斯捷尔纳克和侏儒们”的社论中称：“这场汹涌而来的恶浪和强烈的反应展示出很多内涵。从表面上看，苏联领导人是强大的。他们掌握着氢弹和洲际导弹，拥有人数众多的军队，强大的轰炸机群和舰队群。与之对阵的只是一位老人，与克里姆林宫的武力相比，他显得彻底无助。然而，这更展现出帕斯捷尔纳克的道德威力，他变成了义愤填膺的俄国奋力反抗迫害者的良心象征，在这场对峙中，瑟瑟发抖的反倒是克里姆林宫的人们。”

在东西方的对峙中，帕斯捷尔纳克于1960年5月30日去世。官方虽然最终放松了对他的监管，但依然有无数克格勃监视着葬礼。葬礼上，有无所畏惧的年轻人吟诵着《日瓦戈医生》中的诗歌片段为他送行：“一千张嘴唇开始随着默默念诵。”直到1988年，苏联的读者才能在杂志上读到这部完整的作品，而此刻，小说中的句子以口头或者手抄本的形式流传着，影响了无数读者。

值得一提的是，1958年，中国台湾出版了《日瓦戈医生》中文版，同年晚些时候，中文版本在香港的两份报纸上连载。当时有人从香港偷运50本小说到内地。

7

1977年，《纽约时报》曝光了中央情报局插手的出版物项目，这项计划吸纳各种精英知识分子，建立了一个庞大而密集的文化冷战网络。有人为这种文化冷战的行为辩护说，中央情报局介入西方的文化生活只不过是民主的一个消极面而已，而且是不可缺少的，因而它的存在也是合理的。弗朗西丝·斯托纳·桑德斯在其所著的《文化冷战与中央情报局》一书中提到，这种观点不断地被人引用，它之所以具有吸引力是因为它在道德问题上的理论简单明了，实际上却失之于简单化了。真正的问题并不在于持不同政见的可能性遭到了难以弥补的损害，也不在于知识分子的言论受到了压制和腐蚀，而是理性思考本身受到了外力的干扰。

用著名出版人贾森·爱泼斯坦话总结说："本来自由思想就像一个大自由市场，较少考虑意识形态问题，更加注重个人的才能和成就，在这个市场上，各种思考都有一个共同的前提，那就是对一切占统治地位的正统观点的提出怀疑。……事实终于明确无误地告诉我们，知识分子做的这笔交易是多么得不偿失。这笔交易永远不可能有利于艺术和文学的发展、任何形式的严肃思考、乃至人类自身的进步，交易的结果只能是知识分子为国家的意志服务。"

鲍里斯·帕斯捷尔纳克

在彼得·芬恩和彼特拉·库维合著的《当图书成为武器：“日瓦戈事件”始末》一书的结尾处，他们看到了另外一面：“出版《日瓦戈医生》的斗争是中央情报局以图书作为政治战手段的首批尝试之一。这听上去好像带有嘲讽口吻，令人厌恶。对中央情报局在文化冷战中的角色持批评态度的人们认为，中央情报局的隐秘性本质就是不道德和堕落。但是中央情报局及其合作者确信，自己的努力是高尚的，面对一个拥有宣传机器的独裁政权，诉诸隐秘手段是不可避免的。多年以后，在这个恐怖主义、遥控飞机和定点杀戮的时代，当时中央情报局和苏联相信，文学具有转化社会的力量，这个信念听起来几乎像是天方夜谭。”

• 马尔克斯与《百年孤独》

马尔克斯老爷子去世了，享年87岁。

听到这个消息，很多人的第一反应是：原来马尔克斯还活着！还有一种反应就是：《百年孤独》我根本没读完！

无论你读完没读完，《百年孤独》都是一本伟大的作品。放眼20世纪的文学界，如果要选择一本小说作为当之无愧的经典之作和毫无争议的世界性小说，笔者认为就是《百年孤独》。可是，有谁知道，这本书的出版也是一波三折呢？

1966年8月，马尔克斯刚刚写完《百年孤独》，此时的马尔克斯已经写了五本小说，在小圈子里小有名气，但他还是生活困窘。欠了一屁股的债不说，手头刚完成的这本1300多页的书稿，出版前景晦暗不明。他把手稿寄给布宜诺斯艾利斯的出版商，手头的钱实在不够邮费，只能先寄一半过去。迫于生活压力，他重新为媒体撰写专栏，贴补家用。

有朋友问他手头的书完成得怎么样了。马尔克斯回答说："我手上所有的，要么是一本小说，要么就是一公斤的废纸，我还不确定是哪一个。"小说并没有明确的未来，而生活只能继续，即使要像畜生一样的工作，即使每天筋疲力尽，都只能扛着走下去。这就是《百年孤独》出版前马尔克斯的真实境况。现如今我们当然可以说，马尔克斯写出了一本即能传世，又可畅销的经典之作。但是在那个时候，谁知道呢，他的妻子甚至开始盼着：“我们现在只需要这本书一点不受欢迎。”

幸好这只是一个玩笑。1967年5月30日，《百年孤独》在布宜诺斯艾利斯出版，定价约两美元。出版时原本打算印3000册，由于富恩特斯、巴尔加斯·略萨的强烈推荐，出版商改变了初衷，打算加印到5000册，在出版前两星期，又改成了8000册。按照他们的估计，半年之内可以卖完。但在两周后，初版销售一空。为了宣传小说，马尔克斯在出版小说三周后，空降到了布宜诺斯艾利斯。他对这个城市充满好奇，一天早晨，他在这个城市街角的咖啡厅吃早餐，见到了一名女子提着购物袋，他的小说就夹在西红柿和生菜之间。他突然意识到，他已经在40岁写出了自己生命中最重要的作品。

许多年以后，马尔克斯会记住他获得诺贝尔文学奖那个遥远的早晨——1982年10月21日凌晨。电话声响起，首先打来电话的是哥伦比亚总统贝当古。贝当古说他的消息来自法国总统密特朗，而密特朗的消息来源是瑞典总统：这些名人政要都是马尔克斯的朋友。这个时候电话接连不断地响起，以致于他另外一位好友、古巴总统卡斯特罗根本打不通电话，第二天，卡斯特罗干脆

写作中的马尔克斯

寄了一封贺电……

一切都变了。以前那个受尽了苦难，仿佛在写作之路上看不到尽头的马尔克斯，在巴黎忍饥挨饿，在墨西哥背负一阵债务的马尔克斯，现如今功成名就，身边朋友全是名人政要、声名显赫。作为文学家，他还能如何写作？

就算他写了再多的作品，人们最为津津乐道的，还是《百年孤独》。

• 村上春树的畅销书是如何炼成的

村上春树出新书了，这次的新书是《我的职业是小说家》，更接近村上的写作自传。

1

当今文坛，估计没有一个作家，每次出一本新书都可以受到这么大的关注。村上的小说一向畅销，单靠预售的销量都可以秒杀很多当红作家。说村上重新定义了畅销书并不过分，我们通常说的畅销书，不少属于昙花一现的类型，尽管有无数人探索如何才能写出一本畅销书，但大部分畅销书的存在都有偶然性的因素，无章可循。如果再有人进行这方面的总结和探索，我建议从村上的创作入手，因为村上不但可以保持30多年的创作生命力长盛不衰，而且几乎每一本都有傲人的销量——当然，评论界的口碑是另外一回事，我后面再说。

村上显然有资格说自己是一位职业小说家。《我的职业是小说家》从他30多年前的创作第一本小说《且听风吟》开始，讲述这些年的创作经验和心得，还有就是对那些缠绕他身上多年的流言蜚语做一个简单的澄清。比如书中第二章，村上解释了他对文学奖的态度，当然，虽然言语之间并未做很详细的说明，我们马上就会联想到，每年十月份，村上陪跑诺奖的那个梗。书中还有他对小说的原创性、小说素材、为谁写作、如何走出国门等问题，所作出的答疑解惑。某种程度上，这本书就是村上的关于写作的自传。有志于写作的文学的青年，可以做个简单的参考。

每个人的写作之路都有不同，比如，对比一下村上和他的喜欢的美国小说家雷蒙德·卡佛的经历就很不一样。他们两人都是在很年轻的时候就已经成立了家庭，但是卡佛的写作之路明显坎坷很多。这也许跟他不到20岁就有了孩子有关系，只能四处找工作，养家糊口。很显然，写作是最不实用的一个职业，卡佛在他的创作随笔中，一直都在说，他创作短篇小说也是没办法的事情，因为根本就没有足够的时间和精力构思长篇。卡佛每天忙完一天的工作之后，坐在餐桌旁边写作，随时担心底下的椅子被人抽走——孩子的哭闹、经济方面的困扰等等，这些都是生存现实的问题，而且困扰了他大半生。

村上也是很早就成立了家庭，为了逃避朝九晚五的坐班生活，他经营了一间爵士乐酒吧。这种文艺青年的生活方式，相比卡佛蓝领工人的生活好像好很多，但也是表面风光而已：每月偿还银行的贷款，都需要东拼西凑才能凑齐。村上在《我的职业是小说家》中爆料说，有一次到了月底偿还贷款的时候，一直没有筹到钱，夫妻两人一筹莫展，低着头走在深夜的路上，竟然捡到了地上皱巴巴的钞票，数了数正好是还款需要的金额……高尚的话就不说了，就当老天爷冥冥中有天意，算是帮了他们一把。

2

正是在窘况之下，村上才开始写小说的。他形容那个“没准我也能写小说”的念头出现时的心情：“似乎有什么东西慢慢地从天空飘然落下，而我摊开双手牢牢接住了它。它何以机缘巧合落到我的掌心里，我对此一无所知。这件事该怎么说好呢，就像是天启一般。”这是1978年4月的一个晴朗的午后，村上在看一场棒球赛的间隙发生的事情。这种天启多少有些美化的成分，如果我没记错的话，村上喜欢的美国小说保罗·奥斯特，说起他当年为何写作也跟棒球有关。八岁那年，奥斯特到棒球场观赛，赛后他向球星索要签名，但是大家都没有带笔，签名之事只能告吹。他一路哭着跑回家，决心此后身上随时要带着一支笔。在媒体采访中，奥斯特回顾这段往事认为，那就是他写作的原因：“如果口袋里总放着一支笔，那你就大有可能哪一天会忍不住拿它来写东西了。”

言归正传。熟悉村上作品的人都知道，他不但写作，还擅长翻译，译介了很多美国小说家的作品，比如保罗·奥斯特、雷蒙德·卡佛、塞林格、雷蒙德·钱德勒等人的作品，都是经过他的翻译才让日本读者熟知的。村上的翻译生涯其实跟他创作第一部小说《且听风吟》有很大关系。他开始写作小说的时候，并没有一个清晰的认知概念，就像我们大部分人走上写作道路，开始都是随心所欲，写自己的所思所想，很多都是流水账的一样的文字，不像文学。

为了避免这种随心所欲的写作，村上选取了另外一种形式：他用英文写了小说开篇的一章，然后再翻译成日文。用另外一种陌生的语言写作，好处就是你会很谨慎地使用每个词，因为掌握的英文单词十分有限，需要使用尽量简单的句式，表达复杂的含义。这种很独特的写作经验，算是村上写作的一种独门秘籍：

“我的英语写作能力不足挂齿，只能使用有限的单词，凭借有限的句法来写文章，句子当然也都是断句。不管脑袋里塞满了多么复杂的念头，也无法原模原样地表达出来，只好改用尽量简单的语言讲述内容，将意图转换为浅显易懂的文字，把描写中多余的赘肉削除，使形态变得紧凑，以便纳入有限的容器里。文章变得粗浅不文了。但正是在这样辛勤写作的过程之中，我渐渐找到了属于自己的文章节奏般的东西。”

他就是在这种“翻译创作”的过程找到了属于自己的写作节奏，因为就算把英文翻译成日语，也是跟纯粹的翻译是不同的，不是直译，更像是意译。只不过纯粹的翻译文本中，如果意译，还要考虑到是否改变了原著本意，而在这种“翻译创作”中，意译也不用考虑任何违背愿意的情况，更像是一种二次创作，接近于自由的移植，如此一来，其中就会浮现出新的日语文体，这就是属于村上独特的文体。一旦掌握这种独特的日语的节奏和文体，就可以直接用日语进行创作了。

其实，村上的小说浅易直白，通俗好读，跟这种借用翻译形成的文体有很大关系，这也是村上被很多人批评的原因。他的小说太容易读了，你不会感受到任何挑战，你享受这种阅读的愉悦，但是这种文字的愉悦很容易淡化掉，你无法找到那种历尽千辛万苦，攀登高峰，一览众山小的征服快感。就像博尔赫斯形容他阅读陀思妥耶夫斯基的那种感觉，像是和一个巨大的阴影进行搏斗。阅读村上的小说，你不会找到这种感觉。

3

村上总是说，他跟日本文学界并无太大关系，他的日常工作就是开酒吧、听爵士乐、跑步，翻译、旅行和写作，他在日本文学界活得像个隐士。只有在每年十月，诺奖颁布时，他才会被像靶子一样拉出来示众和嘲笑一番。村上能不能获得诺奖，已经是年度最佳的一个梗了。鉴于此，村上在书中也对文学奖作出了他自己的解答。

如果我们稍加回忆就知道，村上之所以能够走上写作之路，是因为他当年写的第一本书《且听风吟》获得了日本《群像》杂志新人奖，才让他注意自己可能有写作方面的天赋。他后来说，他有种直觉，他一定能获奖。他借用了马尔克斯式的句子来描写那种察觉自己身上有某种天赋的感觉："我还清晰地记得30多年前的一个春日的午后……对我而言，这样的记忆意味着相信自己身上必有无疑的某种东西，以及梦想着将它孕育出来的可能性。这种感触至今仍然留在我身上，真是一件非常美好的事情。"

一个靠获奖进入文学圈的作家，要说他根本不在意奖项这种形式的奖励，多少有点让人半信半疑。但是我也相信，每年十月份诺奖颁布前对他的玩笑，已经对他形成了巨大的困扰。村上30多年的创作生涯中，很少获得文学奖的青睐，这大概也是因为他的作品在商业上已经取得很大的成功，而文学奖总是愿意奖励那些小众和不为人所知的作家作品。所以村上在解释他并不在意文学奖时，也只能强调，对于真正的作家来说，还有比文学奖更重要的东西。

他辩解说，人们总是把目光投向有具体形态的东西，而文学作品的实质却是一种无形之物，而一旦被授予某种奖项，便留下了具体形态，人们总是对这种奖项形态更加的关注，反而会忽略真正的文学，所以文学奖基本是一种文学性不相干的形式主义。总而言之，“文学奖虽然能让特定的作品风光一时，却不能为它注入生命。这是不必一一言明的”。

大多数畅销书作家都会说他是为自己的读者写作，而不是为评论家写作的。村上也说过类似的话，但是他与其他畅销书作家不同的地方在于，他还是一名发展中的小说家。这句话的含义其实就是对职业小说家的一个最佳注解。他一直都在写作，绝不是靠一本书成名的小说家。仅靠一本书占据畅销书排行榜，只是偶然。而写了35年，还能占据榜单，至少可以说明这个作家有持续而长久的创作能力，这种惊人的创作力就是对职业作家的最好注解，也是对那些总是批评他作品的人的有力回击。

4

村在书中还总结了始终保持作品原创性的三个基本条件，简单来说就是：拥有自己独一无二的文体和小说风格；小说风格要与时俱进，及时更新换代，保持一种内在的自我更新能力；风格要随着时间的流逝化为标准，成为价值判断的一部分，或者成为后人不断引用的丰富的源泉。

从这三点来看，村上写作是有很大的野心，他不但渴望自己的作品能够覆盖更多的读者群，还希望自己的小说能够形成一种传统，内化一种标准。说白了，现在你可以批评我，但是当我成为一种传统，我本身就是一种衡量其他作品的尺度和标准，批评已经没有任何意义。而能够体现这种野心的，就是村上持续不断地写作的各种题材和类型的长篇小说，比如《1Q84》，就曾被称赞为“新千年日本文学的里程碑”。这大概是村上比较满意的一部力作。

在《我的职业是小说家》中，村上这样总结自己30多年的写作生涯：“我喜欢写小说这种行为，所以才像这样写小说，并几乎光靠写小说为生，这实在是值得庆幸的事。能过上这样的生活，我也感到万分幸运。如果不是在人生某一刻被破格的幸运回顾，这样的好事只怕绝无可能吧。我十分坦诚地这么认为。这与其说是幸运，不如说是奇迹。”

这当然不是幸运，如果单单是幸运，村上也没有必要写一本书来回顾自己的写作生涯。如果说是一种奇迹，这种奇迹后面也是一种别人看不到的坚持。就如同村上坚持跑步，无论刮风下雨，每天都要跑步一小时一样，他在写作上也是三十年如一日地坚持写作，绝不等待灵感的爆发，无论灵感是否到来，一天都要

村上春树

连续五小时坐在书桌前，始终保持着一颗强韧的心，每天都要写上十几页。这大概就是一种村上创造的奇迹，因为要知道连续五小时坐在书桌前并不难，难的是，不用担心有人把你的座椅从屁股下抽走，没有后顾之忧的写作才是最难的。

● 在咖啡馆写作会遇到谁

虽然已经立了春，天气并未有丝毫的暖意，外面还下着零星的小雪，春暖雪融的景象只能写进小说里幻想。这样的天气，最好是宅在有暖气的房间里，不出门。如果非要出门约会，大都也是约在暖意融融，静谧少人的咖啡馆。

说到这里突然想到，现在都市里咖啡馆的功能已经大不相同了。环境要优雅，带点文艺范儿的装修风格，音乐要足够小众，人当然要少，暖气要热，上网信号要足，咖啡要上档次，看上去还要有情调，不能“掉份儿”，适合自拍发朋友圈，逼格要高。

要知道，以前的咖啡馆可不是这样的。文艺青年都熟知上个世纪初的巴黎有很多著名的咖啡馆，你说不定会遇到某位文艺圈大咖。比如你可以去花神咖啡馆，这是法国知识分子经常来的地方。去双叟咖啡馆也行，雷蒙·阿隆曾在这里用一杯鸡尾酒，帮助萨特和波伏娃发明了存在主义，奥威尔曾计划和加缪在这里用餐，还在这家咖啡馆里见过乔伊斯。你也可以把朋友们带到蒙帕纳斯大街，去圆亭咖啡馆、穹顶咖啡馆或者多摩咖啡馆喝一杯柯尔葡萄酒，说不定就能遇到某个著名的法国文学奖开奖。这几家店一直和海明威、菲茨杰拉德等迷惘的一代人连在一起。读过《流动的盛宴》应该都记得，海明威经常在咖啡馆里写作，看见有美女进出咖啡馆，就容易走神，幻想跟美女发生点艳遇。

当时除了巴黎的咖啡馆是文艺青年聚集地，维也纳的咖啡馆也是遍地都是。与现在没几个人的咖啡馆不一样，人们在那只要点上一杯咖啡或者红酒就能坐上一整天，读读世界各地的报纸和杂志，这是维也纳人生活方式的重要组成部分。斯蒂芬·茨威格就在《昨日的世界》中就曾描述自己在维也纳著名的文学大本营、格林斯坦特尔咖啡馆，结识维也纳的天才作家霍夫曼斯塔尔的故事。此前霍夫曼斯塔尔在维也纳杂志上发表的作品让他大为倾倒，没想到同住一城的还有这么天才的人物，于是约对方在咖啡馆见面。结果让人大跌眼镜，来人竟然是一位身穿童装短裤中学生！

还有卡夫卡生活的布拉格。布拉格有几百家咖啡馆，它们是布拉格文化、政治、商业还有犯罪的精神中心。这些咖啡馆中最出名的就是雅可咖啡馆。雅可咖啡馆是当地著名的先锋作家的总部，位于布拉格中央火车站的旁边。这个咖啡馆的特色在于它的书架上有来自整个欧洲的先锋文学和激进思想。到了卡夫卡的时代，雅可咖啡馆才成为欧洲大陆重要的文学中心之一。

当然，布拉格还有其他类似文学咖啡馆，从正午起就会聚集起许多好争辩的文人，爱作诗的无政府主义者、乏味的色情作家。但是，雅可咖啡馆由于规模较大、顾客较多，成了布拉格这种文学咖啡馆最引人注目的代表。即便布拉格后来在欧洲大陆国际性都市中逐渐丧失地位，雅可咖啡馆也未曾丧失其影响力——它是知识分子的会所。就如其他气氛融洽的小团体一样，在这种较为封闭的世外桃源内，大家彼此认识，而且彼此熟知；咖啡馆在给人带来了幽闭恐惧症的同时，又营造了创新的气氛。

卡夫卡关于咖啡馆的起源有段经典的描述。他说咖啡馆能让

“人们在来往时不需事先得到邀请，只是随意看着对方，谈谈话，不需要发展成什么特别亲近的关系。每个人都可以来来去去，不需要义务，不需要伪装，能真的感觉到受欢迎。”

其实，每当我们说起来这些在八卦文学史上占据重要席位的著名咖啡馆，总是悠然神往，从不细细琢磨，为何那个时代，咖啡馆可以吸引如此众多的文化精英搁置争议和争吵，齐聚一堂、其乐融融，乃至于咖啡馆的文化被哈贝马斯视为公共领域建构的重要组成部分。答案其实并不神秘，咖啡馆的迷人魅力是艰难现实生活的另外一面。以维也纳为例，从19世纪开始，维也纳始终面临着严重的住房短缺，而且公共住房的质量普遍不高，他们的公寓单调乏味又无法充分取暖，所以只能跑出这些死气沉沉的寒冷公寓，去往温暖欢乐的咖啡馆闲聊扯淡打发漫长的时光。

海明威在《流动的盛宴》中就曾写道，饥饿和寒冷是对一个作家最好的锻炼，说的其实是公寓里没有柴烧，没有吃的，无法过冬，只能去咖啡馆混日子，一杯咖啡坐一天，说不定还能遇到熟人蹭顿饭。这样的情况与现在泡在咖啡馆里的文艺青年似乎不可同日而语。

萨特与波伏娃在咖啡馆

● 奇怪的色情藏书

藏书家会制造很多名言，最有名的一句就是：你的藏书就是你的个性。1936年，德国纳粹暴徒点火焚书，把他们认为危险的书籍付之一炬。邻国法兰西的藏书家莫里斯·罗伯特为此告诫大家："各位朋友，各位书友，请记住，你的藏书就是你的个性的镜子。"古谚亦云："知汝所读之书，即可知汝之秉性。"可见这句名言说出了藏书家内心的沾沾自喜，才流传至今。

但也有人反其道而行。大部分人都说藏书是自我的镜像，体现了自己的个性。艾柯却说他的藏书大都收藏的是自己并不信任的作品，所以藏书是他的反面形象，或者说矛盾精神的形象。他更进一步发挥这种理论说，藏书是一种手淫现象，只属于个人，很难找到能够分享同一激情的人。艾柯家中有五万册的藏书，另外还有1200多册的珍本图书，其中有30多册印刷初期的珍本，估计让不少藏家垂涎欲滴。他始终梦想着能够收藏一本谷登堡《圣经》。他的藏书内容确实很奇特，分为符号学、奇趣、空想、魔幻、圣灵等种类，也就是涉及隐秘科学和虚假科学的藏书。我猜想，如果能够收藏那些并不存在的图书，他的书架上一定堆满了各种奇怪的书。

要说收藏奇怪的书，很多藏书家都会有一肚子的故事。1980年，藏书家迈克尔·津曼接到书商的电话，询问是否有兴趣买一批色情藏书。估计当时津曼被书商忽悠晕了，书商一会儿说这批藏书数量巨大，一会儿说这批书独一无二，物美价廉。总之津曼没扛住这迷魂汤加忽悠，把书买了下来。他找了几个公司员工去取书，他们回来说："您不知道自己买了什么东西吧？您买了一屋子淫书！"等待拆包完，清点发现，这批书其实是从1950年到1975年的全部色情文学作品，共计两万本平装书、一万本杂志、五万张图片，共计268包。

津曼后悔不跌，不知道如何处理。因为这些书内容淫秽，不可能当垃圾丢掉，一把火烧了又有点心疼，毕竟花了不少钱，只好堆在办公楼的地下室，暂时搁置。他找了许多买家，这批色情图书才最终在一年后处理给德州大学的奥斯汀分校。据说，他们那边有一个什么色情与淫秽委员会，各种记录都有，就缺少美国色情的样本。

故事还没结束。事情过去几年了，津曼早已忘了这回事。没想到在1990年，他突然接到德州大学法学院院长的一封信，信中说：蔽院已入藏了津曼色情作品藏书，现正在编目，希望能够赐教您的简历和收藏的经过。津曼赶紧打电话过去追问到底怎么回事。他们高度赞美这批藏书很有意义，他们正需要这样的书籍。

谷登堡《圣经》

而且他们已经整理好了，正在入库专门藏书室，为了表达对捐赠者的敬意，这批色情读物就叫津曼藏书。

津曼先生有些不好意思地说：你们非要叫它津曼藏书吗？……

● 如何培养优质藏书家

熟悉藏书史的人都知道，藏书家是怎样的一群人。他们固然为搜集各种珍本图书不遗余力，但是当这种对书之爱上升到一定程度后，这群人就变成了书之奴。为了一本好书可以不择手段，无所不用其极。他们多愁善感，乖戾颠倒，自私自利，不切实际，奢侈放纵，反复无常。20世纪著名的藏书家之一罗森巴赫博士提到："根据我的所见所闻，有人甘冒倾家荡产的风险，不远万里，走遍半个世界，和朋友绝交，甚至撒谎偷骗，都是为了一本书。"他甚至说藏书家，他的同行，都是"一群展翅待飞的秃鹫，耐心地等候某个同行归天，随后就猛冲下来扑向逝者的藏品，凶残地攫走一些垂涎已久的珍宝。"这里描述的藏书家好像一个自残相杀的非人类族群。

如此说来，藏书家只能是一个孤独的职业。但是偏偏有人不信邪，想通过大学教育培养出一批优质藏书家。哈佛大学的乔治·帕克·温希普是哈佛的首位珍本书专家，这位知名藏书家除了打理哈佛图书馆的珍本藏书，还有一项别人难以企及的能力：他能从一大群学生当中认出将来会捐助母校的人，同时用别出心裁的方法培养他们对经典藏书的兴趣。

温希普在哈佛大学开设了一门特殊的课程，主要是培养学生对书的兴趣。这可不是一门特别容易的选修课，导师进行了严格地把控，亲自监督挑选学生。当然，所谓严格挑选的首要的条件就是，修读的学生必须是富家子弟——没有家族产业的支撑，根本玩不起珍本书收藏。温希普这样描述这门课程的宗旨："本课程是为视书如艺术品者而设立。修读者应期望拥有或欲制作典丽考究之书。此课程重要目标之一是训练购书者之品味，培养其博闻广识以裁断珍本与精雅典藏之价值。"

这门神秘培养藏书家的课程，上课环境也别具一格。学生不是在普通的教室，而是聚坐在装潢雅致的珍本藏书室。在那个如宫殿一般奢华舒适藏书室里，学生们围着熊熊的炉火，聆听导师温希普娓娓道来。温希普时不时把玩着泥金装饰写本与摇篮本，让学生细细端详。他很少作指导，谈得最多的是欣赏书籍之美与书籍的文学背景。他强调的是作为创造物、艺术品、时空等重要因素的书，而不是斤斤计较于页码、校勘等寡淡无味的枝节。这种别出心裁的讲授方式，再加上温希普妙语如珠，学识渊博，让当时上课的学生乐在其中，如痴如醉。

这种独特的培养藏书家的方式还真有收获。不少修过温希普课程的富家子弟，成为各大家族的继承人之后，都会逐渐沉迷于搜集图书之好。他们不少人都出资在哈佛建造存放珍本古籍的图

哈佛大学图书馆

书馆，向自己的母校捐献自己收藏的私人藏品、名家手稿。连与哈佛存在竞争的耶鲁大学图书馆馆长都不得不佩服温希普独具慧眼，他们指出："在这些年里，几乎每项对哈佛图书馆的藏书所做的捐赠，多多少少都与温希普的课程有关。"

• 泰坦尼克号上的藏书家

1912年4月，世界上最大的豪华邮轮泰坦尼克号，从英国南安普顿起航前往纽约途中，撞上冰山沉没，1500多人葬身海底。在海难发生之后的数年间，围绕泰坦尼克号的轶事开始流传，关于勇敢和懦弱的故事出现在无数历史记载、诗歌、音乐和电影中。今天我们提及的是泰坦尼克号的一位藏书家的故事。

主人公哈里·埃尔金斯·威德纳，是费城的名门望族，家族一直经营有轨电车，家底殷实。哈里年纪轻轻，十分喜欢藏书。但是他同样有所忧虑，他曾经跟费城另外一名藏书家爱德华·纽顿表达过自己的想法，他不想在后人的记忆里，仅仅是一个收藏了几本书的藏书家，不管这几本书有名贵。他对纽顿说："我希望后人想起我时，能联想起一座藏书丰美的大图书馆，可是我却不知道该怎样才能建成图书馆。"

1912年3月，年仅27岁的哈里协同父亲乔治和母亲埃莉诺远赴伦敦，前去观看苏富比拍卖行即将拍卖的一批藏书。随后，他又急于返回纽约，参加另外一个藏书拍卖会。在登上泰坦尼克号之前，他已经将在伦敦刚买的八本书运走，但是他决定随身携带一部珍本书，即1598年版的弗朗西斯·培根的《论说文集》。据说哈里对伦敦书商还说过一句俏皮话："我想还是要往口袋里装上培根这本小书。万一沉船，它也可随我而去。"没想到真的是一语成谶。

1912年4月14日晚，泰坦尼克号船长爱德华·J.史密斯在头等舱餐厅里与一群费城社会名流交谈，出席晚宴的嘉宾之中就有威德纳夫妇。就在几个钟头之后，这艘号称“永不沉没”的客轮在北大西洋撞上了冰山，带走了超过1500名船员和乘客的生命。哈里的妈妈威德纳夫人及其女仆在四号救生艇上，同船上还有另外40多名妇孺。

两年之后，生还的威德纳夫人说：“1912年4月15日，世间所有欢趣，均已离我而去。”为了抚慰心中的伤痛，她着手在儿子的母校哈佛大学建立一座纪念馆，希望能让儿子的名字永垂不朽。许多著名藏书家风闻此事，都慷慨相助，极力帮助威德纳夫人搜集善本珍本，例如布莱克的《天真与经验之歌》，查普曼翻译《荷马史诗》的赠阅本，沃尔特·司各特的斯威夫特传记手稿，乔治·克鲁克香克为狄更斯的《雾都孤儿》所作的插图，等等。威德纳夫人为此花费了12万美元，并将这些新购入的珍本与儿子以前的藏书合为一体。最终哈里·威德纳名下收藏的珍本秘籍已经有3300多本，之后悉数捐给了哈佛大学。

为了妥善安置藏书，威德纳家族又出资200万美元建造一座

哈里·埃尔金斯·威德纳

图书馆，1915年竣工。如今哈佛大学的藏书总量大多达1280万册，而威德纳图书馆的藏书占据其中的四分之一，依然是庞大的哈佛图书馆系统中的首要库房。图书馆竣工后，威德纳夫人表示："我希望把所有的藏书都安置在那里。这样我会倍感幸福，我心中明白这是按照儿子的心愿来做的。"

• 泰坦尼克号上的“珍宝书”

美国作家尼古拉斯·A.巴斯贝恩在那本给著名藏书家立传的《文雅的疯狂》中，提到过一本跟随泰坦尼克号沉没的“珍本书”，即1598年版的弗朗西斯·培根的《论说文集》。那本书的主人是一位二十七岁的年轻藏书家哈里·埃尔金斯·威德纳，出身费城的名门望族。我在之前的文章中做过介绍。

我很意外的是，身为西方的书话权威，巴斯贝恩竟然在书中没有提及泰坦尼克号上还有一本镶满珍宝的图书《伟大的奥玛》。近读《随泰坦尼沉没的书之瑰宝》才得知这本珍宝书的故事。该书作者罗勃·谢泼德是伦敦著名的谢泼德书籍装帧公司的总经理。1998年夏天，谢泼德收购了两家历史悠久的书籍装帧公司，整理其中一家名为“桑格斯基和萨克利夫”公司（简称SSZ有限公司）的历史档案时，发现了这本书的悲剧故事：这本镶满珠宝的图书其实是《鲁拜集》，而重金打造之后被称之为《伟大的奥玛》。

SSZ公司成立于1901年，两位创始人中，桑格斯基是个艺术家，他看重书籍设计上优良的装帧和精致的烫金，而另外一位萨克利夫更加具备商业头脑，他们两人无论在性格还是专业上，都相得益彰。桑格斯基对东方波斯风格的迷恋由来已久，而《鲁拜集》中的神秘东方主义风情吸引他重新设计这本著作，不计成本，甚至都没有考虑到雇主的要求，更不要说市场反应，某种意义上，正是这样的行为才导致了这本珍宝书的沉没。

我们需要看看SSZ公司众多设计人才的合作下的结晶：从《鲁拜集》到最终成型的《伟大的奥玛》。根据档案中的数据：这本书有1051颗宝石，包括红宝石、绿松石、紫水晶、托帕石、橄榄石、石榴石和一颗祖母绿，每颗宝石都镶在一个金质扣环中。还有记载说，单是书的烫金就花了2500个小时，裱贴了4967块皮面，所烫的金叶达到100平方英尺（约为9.29平方米）。

《伟大的奥玛》完工后，一时没有找到合适的买家。该书当时标价1000英镑，一位纽约商人最多出价到800英镑，没有成交。也许是祸不单行，稍后的年月赶上了经济萧条，再赶上煤炭工人罢工，这本书的行情跌入谷底。1912年3月，拍卖行以405磅的价格成交卖给了之前出价的那位纽约商人，书籍的命运应声而落。4月份，豪华的《伟大的奥玛》搭乘同样豪华级别的泰坦尼克号前往纽约，途中，船撞上了冰山，1500多人丧生，这本镶满珍宝的书也随之沉入海底。

我开始就提到这个疑问，为什么巴斯贝恩在《文雅的疯狂》中提及到沉入海底的一本相对普通的“珍本书”，而没有提到这

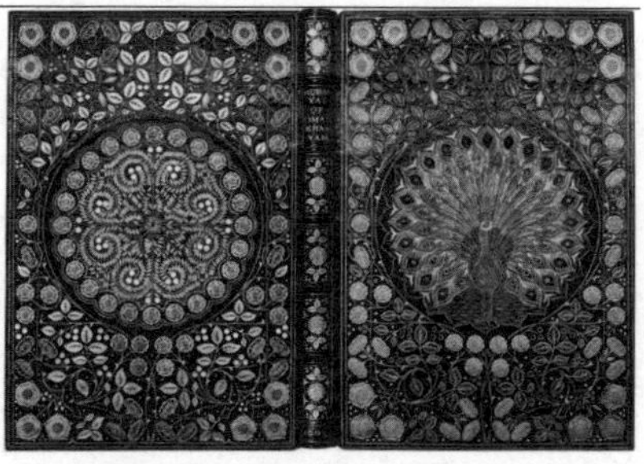

《伟大的奥玛》封面

本“珍宝书”？私心揣测一下，对藏书家而言，大概是因为这本镶满珍宝的图书有哗众取宠之嫌，反而丧失了一本真正有价值的书籍所具备的历史感。当然，如果这本珍宝书能保留至今，同样也会成为藏书家们争相抢购的好书之一，毕竟历史的风尘也会让上面的珠宝布满沧桑。

● 偷书贼并不都是雅贼

历史上有好事的心理学家分析“藏书癖”这种现象，视其为一种男性的阉割焦虑：这些人过度渴求书籍，只是为了转瞬即逝的激情；一旦一本垂涎已久的书籍到手，他就会转身去寻找其他书籍，因为他的焦虑又出现了；他们自吹自擂，只有通过不断寻找新的书籍和战利品，对的书过程与成功津津乐道，他们才能确认自己对书籍的热情没有消散。持“阉割焦虑”观点的心理学家认为，这种品性就很容易让人想起性欲超强的男性歇斯底里的行为，他们只有不断地确认自己未被阉割才能放心。

为了搜寻一本书籍，藏书癖患者会不断购书和搜书，会去偷盗杀人，会冒着倾家荡产的风险，会走遍全球去访书，他甚至会与别人结婚只是为了得到一本书。为一本书不择手段，违背道德良知，自然不在话下。因此专业犯罪学家描述爱书成癖者是一种病态的、不可抗拒的精神强迫症，已经造成了很多犯罪，离奇得令人无法忘记。

历史上因书而犯案者，美国作家巴斯贝恩在《文雅的疯狂》一书中收录了不少，其中最为罪恶昭彰者是西班牙的唐·文森特。这是一位僧侣，对书籍痴迷入骨，19世纪30年代间犯下了八宗谋杀案。据说他在西班牙的一座修道院当图书管理员时，开始对书籍有了病态般的迷恋。故事情节有点像翁贝托·艾柯的小说《玫瑰的名字》，一天晚上，几个身份不明的歹徒闯入了修道院，抢走了很多金银珠宝，还有不少珍稀孤本。不久之后，文森特突然还俗，在巴塞罗那开了一家珍本书店。

1836年，几个书商在拍卖会上合伙拍下了存世孤本《巴伦西亚法令集》，几天后持有这本书的书商葬身火海，书籍消失不见。不久在巴塞罗那周围地区又接连出现了好几起谋杀案，死者都是一些藏书甚富的饱学之士。此前在拍卖会上，因为没有拍到那本《巴伦西亚法令集》，文森特大发雷霆，他的行为引起了警方的注意。办案人员在搜查他的家时，发现了那部孤本《巴伦西亚法令集》。随着调查的深入，又发现了很多其他受害者的书籍。开始时，文森特抗议，拒绝认罪，坚称自己是无辜者。当局向他保证，不管对他如何定罪，都保证他的藏书安全无虞受到妥善安置，他才最终全部招供。

在法庭上，法官问他为何杀人后不拿走受害人的一分钱财时。文森特昂然回答说：“我不是贼。”法官又问，杀了这么多人，难道就没有一丝愧疚之情吗？他说：“每个人早晚都会死，但是好书必须要保存下来。”文森特的辩护律师说，他的当事人精神错乱，以偷书之名起诉明显证据不足。申诉人反驳说，他偷

尼古拉斯·A.巴斯贝恩的《文雅的疯狂》

的书都是珍稀孤本，尤其那本《巴伦西亚法令集》。辩护律师说，你错了，这本书并非孤本。为了替文森特辩护，他远从法国找来了另外一本《巴伦西亚法令集》，作为呈堂证供。

没想到，此举让文森特彻底精神崩溃，他无法相信自己手中的不是存世孤本，直到被处死那天，一直都精神恍惚，喃喃自语："我的不是孤本。"

• 我们为什么读了很多烂书

我们读烂书有几个不可避免的理由，比如，因为年少无知、才疏学浅、好奇心的驱使，致使我们有可能在阅读之前不知道这是本烂书，这是一种值得原谅的阅读行为。还有一种情况，以现在的标准来看是烂书，但在阅读之初并非就是烂书，只能说我们的衡量标准变了。

每个人都会经历思想启蒙的阶段，需要某些粗浅的读物拓展自己的阅读视域，随着阅读经历和人生阅历的填补，那些曾经带给我们兴奋的书籍，现如今不堪卒读。这是发展的正常状态。当然，最不济的一种情况下，明明是一本烂书，我们却如获至宝，这个就很糟糕了。最好的情况就是赶紧反省一下，到底是自己的阅读态度有问题，还是因为其他原因。阅读是极致的审美，不是繁华落寞后自甘堕落，如果甘心读一本烂书，还不以为意，洋洋自得，除非你有更好的理由。

我以为没有这样的读者，但在阅读美国作家乔·昆南的《大

奥尔罕·帕慕克

书特书》时，发现了这位专栏作家的阅读主张任性而有趣，不妨一观。他说自己也不经常读烂书，但现在已经到了人生的秋天，所以“一般只读烂到过分的书，而且这些烂书还是我费尽心机亲手挑选的”。想要让他完全停止读烂书也是不可能，就像我们不会完全停止在快餐店点薯条。在昆南看来，烂到极点的书在我们的生活中占有重要的位置，因为它们可以让我们的脑筋动起来。读好书是不需要思考的，因为作者已经替你思考过了，而烂书强迫你训练头脑，因为你要花上不少时间想这个人接下来会说什么蠢话。但请注意：和糟糕的电影一样，读没有烂到极点的书是浪费时间，而读真正的烂书是十足的乐事。

诺奖得主帕慕克有篇妙文《我如何处理掉我的一些书》，他在其中提到说，在处理掉他年少时的一些书时，内心中会有一种强烈的羞耻感，而之所以感到羞耻，并非因为心里总是不安地想着书房里竟然会有这样一本烂书，而是因为他知道曾经对这本书过分珍视，以至于花钱购买，还让它在书架上端坐多年，“我并非以这本书本身为耻，而是为自己曾如此重视它而感到羞耻”。

我们都会经过一个口不择食的阅读阶段，一旦当我们拥有了更加清晰而明了的判断力之后，回首旧事，我们的羞耻感就会油然而生。说白了，这也是一种“影响的焦虑”。我们读过某个作家，然后按图索骥，晋升到了更高级的阅读阶段，进入了一个更为澄明的阅读境界，阅读的熏陶让我们成为一个贪得无厌的读者。我们所有的欲望只有在阅读中才能光明正大地伸展和膨胀开来，阅读是一种名正言顺的贪婪，喜新厌旧是阅读的合法诉求。

• 我只收藏记忆，不收藏图书

我喜欢折书页，不喜欢用书签。

我知道这个习惯很令人讨厌，尤其对很多爱书人来说。前不久有朋友希望我能推荐几款好看的书签给她，我说我基本不用书签——当然，这句话其实不准确，我不是不用书签，而是书签用完了。她以为一个爱书人应该会有很多书签，其实不然。朋友送我一百多张精美的书签，我有记录笔记的习惯，一本书读完就会夹上很多，久而久之，总会遗落在书的缝隙当中，直到手中所有的书签再也找不到了。

换句话说，我所有的书签都散乱在我的书架上，散落在哪本书的缝隙里。再加上每年的购书的量总多于书签的量，有多少书签都是不够用的：这样我就养成了折书页的不良嗜好。当然，这个习惯也不能一概而论，很多精装本、珍本书、毛边本、签名本，这些需要珍藏的书籍，我都不会折页。但是，大部分的书对我而言只是有阅读的意义，没有收藏的意义，我只收藏记忆，不收藏图书。

这样的折页恶习，很多人都会有，不唯独我一人。美国作家安迪·法迪曼有本《书趣：一个普通读者的自白》，就记录很多了他们书虫家族的不良阅读习惯，值得我们好好批判。

法迪曼的哥哥，这个书虫读书时有个不太好的习惯（其实我自己就习惯这样做，还好意思批评别人！），一本书读到哪里想休息的时候喜欢把书“像雄鹰展翅一样”扣放在书桌上。他还有一套振振有词的理论解释：“用电脑来作比喻，把书夹上书签合起来就等于在电脑键盘上按‘停止’键，把书反扣起来就等于按‘暂停’键，两者是不同的。”这样的好处是“什么时候我想看，就立刻把书拿起来”。

她哥哥这样扣书倒也无伤大雅——也算给我自己开脱了——可是有些做法我就无法接受了。顺便声明下，接下来大量情节涉及虐待书籍，爱书人不宜观看，请慎重绕行。

比如法迪曼在书中记述了她父亲上飞机前为了减轻纸面平装书的重量，就把他看过的章节撕了下来，扔进垃圾桶——我忍不住想问下老先生，一本书能多重啊，难不成你不撕这几页飞机就超重了？又比如她丈夫会在桑拿浴室里看书，高温高湿的水雾使书页脱落，“像暴风雨中的花瓣一样”——这个情节有过于夸张的嫌疑，我又忍不住想问，桑拿浴室里能看清字迹么？这样装模作样有点走火入魔了吧？还比如法迪曼说她一个朋友带一本《爱伦·坡诗歌小说全集》去半岛旅游，每当有虫子停留在书页上的时候，她就啪的一声把书合上，“这样就把书变成鼓鼓囊囊的昆

安迪·法迪曼

虫展览场”——我有点崩溃地想说，敢情这人不但是个虐书狂，还是个虐虫狂，估计是杀虫有暇，偷得半日闲才去读书的。

你看，这些书虫的行为比我恶劣多了，对比之后，我还能原谅自己是个相对优雅的爱书人。

• 作家访谈中的“怪癖”

我们喜欢作家访谈，是想窥探作家的隐私、八卦，想求得一种在他的作品中无法得到的私人信息。纳博科夫就说，我的小说很少机会给我表达我的私见，所以才偶尔接受那些聪明的来访者的一大堆提问。我们总觉得作家的访谈可以暴露出他们或迷人或好玩的另一面，也许有某种写作或者生活上的怪癖。

比如杜鲁门·卡波蒂有强迫症，写作时执迷于一个逗号的位置或者分号的重量；欧内斯特·海明威会在开始站在写字板前写作，稍微顺利时采用打字机；杰克·凯鲁亚克会像他写《在路上》时的自发性写作状态一样滔滔不绝，根本容不下别人插嘴；加西亚·马尔克斯很讨厌录音机；雷蒙德·卡佛庆祝作品首次发表的方式是带着杂志上床；米兰·昆德拉拒绝谈自己，他的访谈成了小说理论的研讨会；君特·格拉斯需要日光才能写作；村上春树认为电子游戏比任何东西更接近文学；恐怖小说家斯蒂芬·金爱极了卡森·麦卡勒斯的小说；翁贝托·艾柯很喜欢美剧《境界双雄》《犯罪现场调查》《边阿密风云》《急诊室的故事》……

但还是有很多不乐意抛头露面的作家，不想接受访谈的作家。纳博科夫还说过他思考时像个天才，书写时像个作家，但说起话来却像一个不善言辞的孩子。所以想让他接受采访需要有三个条件：采访者的问题必须书面递交；他进行书面作答；发表时一字不差保持原样。

另外一位不待见媒体的作家是约翰·厄普代克。他有一种观点，作家访谈从本质上来说都是虚假的，因为你说过的话，要不是被曲解，就是被忽略。媒体需要的是一种掷地有声的观点，而作家最不擅长的也许就是对自己不熟悉的事物发表看法。

有讨厌媒体的作家，自然就有喜欢亲近媒体的。艾柯就是这种类型的作家，他面对媒体的时候幽默，风趣，而且充满了轻快的机智。艾柯在接受《巴黎评论》的访谈中被问道："在你的所有小说中，你只写过两幕做爱的场景——一次是在《玫瑰的名字》里，另一次在《波多里诺》里，这有什么原因吗？"他的回答毫不含糊，干脆利落，引人发笑："我想，相比描写性，我只是更喜欢身体力行。"

在另一个关于诗歌的例子中，艾柯同样采取了这样的方式回答问题："我觉得在一定年龄，比如十五六岁时，写诗像是种自慰，但到晚年，优秀的诗人会焚毁他们早期的诗作，拙劣的诗人则把他们出版。幸好我很快就放弃了写诗。"

老派的作家们，比如上文提到的厄普代克说，在访谈中承认

翁贝托·艾柯

有自己的观点很难。这是时代的因素使然，但在现时代中，艾柯幽默的回答中处处都是观点——不在乎观点是否正确，只在乎它是否引起人们的注意力。我们喜欢作出各种判断，是否有价值无关紧要，重要的是能够抓住大众的痛点，投其所好。对此，艾柯似乎深谙其中之道。

• 天才的编辑是如何炼成的

我们听过天才的作家，天才的艺术家，天才的杰作，但是谁会注意一个编辑是不是天才呢？事实上，“天才的编辑”乍看之下会给人一种错觉，如果我们称呼一个编辑是天才，那他就不仅仅是编辑，也许他还是一位作家。很多作家型的编辑就是如此，当写作无法谋生之时，便寻求一种与文字相接近的职业，编辑和记者是其中命中率较高的职位。但是在传记作家A.司各特·伯格的《天才的编辑》一书中，他写到的麦克斯·珀金斯只是一位编辑，尽管有许多朋友在不同场合之下，都在追问为何他不写作时，他也只是简单地回答说：“因为我是编辑。”

这个答案并不能解释伯格为何将珀金斯冠之以“天才的编辑”的称号。20世纪20年代初，在珀金斯供职于保守的斯克里伯纳出版社之后，他逐渐发掘了司各特·菲茨杰拉德、欧内斯特·海明威、托马斯·沃尔夫等文学史上著名的作家。他观照着他们的成长，成为他们的朋友、父亲、管家、提款机和仆人，见证着他们在文学史上的起起落落、兴衰波动。几经波折，友情破碎之后，他依然不改初衷，待之如初，这大概是这位编辑与现如今编辑的最大不同。但尽管如此，天才的编辑也总有点夸大其词吧？

也许，我们该看看天才的编辑是如何工作的，从中找寻出答案。珀金斯虽然不写作，但生平留下了很多信件，他通过书信表达自己，我们也从这些书信中窥得许多他与作家交往的细节、他内心真实的情感、他对待不同作家的方式以及他如何看待他自己的工作等等。多亏这些书信，让我们了解到这位伟大的编辑的工作到底是什么样的。我们知道他是接近天秤座的处女座，是批评和完美的统一，最适合做图书编辑；他相信颅相学，认为高鼻梁的人有个性；他不喜欢新书的护封，总是扯下来扔掉；每次看书不喜欢把书本打开，页面向下放置；受不了别人翻书页的时候舔手指；他喜欢涂鸦，总是勾勒拿破仑的侧面肖像；他开车很快，而且总喜欢开远光灯；他最喜欢的书是《战争与和平》，总是送给其他作家；他不喜欢女人，对很多女人都敬而远之，但却有一个精神上的情人伊丽莎白·莱蒙，他跟这个女人通过信件联系了25年，始终保持着君子之风。

也正是在写给伊丽莎白的信中，他描述了一个文学编辑的日常一天：每天上班首先处理桌上的信件，不合适的书稿需要写退稿信，而且还是用鼓励的语气写信，希望能读到退稿作者的下一本书；下午跟出版社的老板谈一些近期打算出版的书目，他需要争取到老板的同意，极力说服他们相信他的眼光和判断；在接下剩余的时间里，他一直口授他的信件，得空还见了几个来访的作者；傍晚的时候，下班前夕，终于有了空闲，他待在办公室里读书稿，偶尔被宣传推广的样书打断编辑的过程。总体而言，他告诉莱蒙小姐说，“这是充实的一天”。

如果这是天才的编辑的一天，我们也许要大失所望了。因为这种枯燥的日常并不符合我们的幻想和期待，但这却是最正常的一天，大部分文学编辑的真实生活写照。珀金斯身为普通编辑时的大部分工作，仅限于校对清样，还有其他一些不用动脑的琐事。偶尔，他会被叫去给某本园艺书修改语法错误，或者安排选编学生用的经典短篇小说集篇目，或是契诃夫小说的英译版。这些工作不需要什么创造性。天才的编辑也要耐得住寂寞，成功的编辑是那种不断发现新作者，培养他们的才华，出版他们的作品，既赢得口碑又畅销的编辑。为了这种物色、成就新天才的刺激，花上几个月甚至几年时间等待和编辑也是值得的，即使这个过程乏味繁琐，并经常伴随失望。正如珀金斯的同事和前辈编辑威廉·C.布劳内尔所告诫年轻的新编辑所说的那样，编辑90%的时间所从事的日常工作，任何办公室的勤杂工作也能胜任，"但是，每一个月，或者每半年，有那么一刻，契机出现了，除了你没有人能够把握。在那一刻，你将自己受到的教育、经历，所有对生活的思考都倾注其中。"

我们要知道，珀金斯之所以能够被传记作家称为天才的编辑，不是因为他与其他编辑有着不同的工作方式，也不是因为他发掘了无数经典和畅销书的作家，而是因为珀金斯在日常工作中注入了许多工作的激情和对无数作家的耐心。他工作的斯克里伯纳出版社原本死气沉沉，以出版老派的成名作家的作品为主，而珀金斯并不满足于那些已经成名的作家和作品，他所在意的是审视、发掘出属于他们那个时代的写作者——不仅仅是发掘，而且是鼓励、培养、指引、信任，视之为自己的朋友和家人。正如伯格在书中洞察到的，"自菲茨杰拉德开始，到他负责的每一位新作者，他渐渐改变了传统上‘编辑’这一职业的作用。他所寻找的，并不只是那些‘保险’的作家——风格中规中矩，内容波澜不惊；而是能用全新的语言道出战后世界新价值观的人。这样一来，他作为编辑所做的就不仅是反映当代的标准，而且以出版有才华的新人新作，有意识地影响、改变这些标准”。

《天才的编辑》中虽然涉及20世纪上半叶的美国文学史上很多著名和畅销书作家，但是主角只有三位：菲茨杰拉德、海明威和托马斯·沃尔夫。他们之所以具有代表性，是因为珀金斯在其身上倾注了全部的精力和信任，他们的交往，已经超越了单纯的编辑工作关系。他们之间的关系有的是莫逆之交，有的已经是父子之情，还有的是知遇之恩，就算有很多作家成名或者反目之后离开珀金斯，他依然像朋友一样关心他们的未来，担忧他们的写作。这大概是很多现如今的编辑工作都不可想象的。他深入到他们的生活、精神世界。他代表了一个编辑的最高水准，因为把合作的作者变成了自己生命中不可或缺的一部分，他也成为作家们梦寐以求的合作对象。这样的编辑生涯确实是不可复制的，也是

Maxwell Perkins and Ernest Hemingway in Key West, Florida in January, 1935. One of the many rare photographs from ERNEST HEMINGWAY AND HIS WORLD by Anthony Burgess, published by Charles Scribner's Sons.

麦克斯·珀金斯与欧内斯特·海明威

无法想象的，换成任何一个梦想成功的人，都不会如此甘心以匿名的方式成为作家背后那个默默无闻的人。

● 被编辑的雷蒙德·卡佛

雷蒙德·卡佛的小说《新手》并非新书，是前几年翻译出版的《当我们谈论爱情时我们在谈论什么》（以下简称《谈爱》）一书的完整版。1981年《谈爱》出版之前，书中的17篇小说经过编辑戈登·利什的大幅度删减，删减篇幅超过了50%，书名也由有最初的《家门口就有这么一大片水》变成了《谈爱》——这个名字源自小说《新手》中那句“可是当我们谈论爱情时，谈论得好像是知道自己在谈论什么，这件事应该会让我们感到惭愧”。

许多作家在出版作品之时都会同编辑有类似上文的经历，这是编辑工作的一部分。但是无名作者与知名作家之间还是有着很大的差别，这是一种权力的博弈，如果你遇到的编辑恰恰还是一名控制欲极强的作家，情况将更为复杂。卡佛恰恰是那种终生都在经历失败的写作者，十几岁结婚生子，为了讨生活搬家20多次，一生拮据，酗酒失意，就连写作的时候也极其缺乏安全感，随时担心屁股下的椅子被人抽走。他对自己的写作缺乏自信，极容易受到其他作家朋友的影响。而他遇到的这位编辑利什不但是他的朋友，还是他发表作品的门槛。在出版社工作之前，利什曾工作于《时尚先生》，发表过卡佛的小说——同样是经过大篇幅的修改。

说起来很有意思，卡佛与利什早在1968年就已经相识，当时后者就职于一家教育出版社。他们第一次见面时，利什就盛赞卡佛的小说《请你安静些，好吗？》，他非常喜欢。但是，他随后表示，如果由他编辑这篇小说，将会有一个不同的故事结局。在旁边的卡佛的妻子回答说，这正是问题所在："戈登，它不是你的小说。你没有写过它。"

这正是问题的所在，利什随后跳槽成为《时尚先生》杂志的编辑。在这本具有重大影响力的杂志上发表作品，还能与众多名家并列，这是卡佛梦寐以求的事情。正如他所言，像自己这样的无名之辈写的小说能够发表在《时尚先生》杂志上，将会给所有的美国作家以希望。为了发表作品，他默认了利什对作品的修改。他投给杂志很多小说，但是能够发表的寥寥无几，这种心态更加让他珍惜发表的机会，所以他的退让使得利什修改他的作品时更加肆无忌惮。

1983年，卡佛接受《巴黎评论》的专访，提及利什，还称赞他对稿件异常敏锐，"是个好编辑，也许是个伟大的编辑"。在出版《新手》的过程当中，他容忍利什大量删节重写他的小说，还写信说他是一个天才的编辑，"一个天才，比两个麦克斯·珀金斯都强"。但珀金斯在编辑菲茨杰拉德和海明威的作品时遵循的一个重要的原则恰恰是，编辑并不给书增添任何东西，也不能把自己的观点强加给作者的书，编辑不能创造，他最多是作者的仆人。这个基本的原则早已被利什弃之脑后。

在出版《新手》的过程当中，卡佛曾经据理力争过，他想过要放弃这本书，因为这本书早已被利什修改得面目全非：很多地方删节，很多地方重写，为了更加符合一个编辑的文学观。利什是一个作家，一个失败的作家，一个写手，但他通过编辑修订包装卡佛的小说找到了写作的自信。这种自信多少有些反讽，因为这不是他的故事，不是他的创意，他做得最多的就是删节，进行改头换面的包装，以赢得商业上的成功。

这种容忍编辑大幅度修改作品的行为其实与卡佛自身态度的暧昧不明有关。当利什第一次对书稿进行修改，并把书名换成《谈爱》时，卡佛称赞这个书名棒极了。第二次修订稿发到卡佛的手中之后，他发现了这个版本的修改更加大刀阔斧，小说中的很多篇幅已经相当于重写。卡佛随后写信给利什说这个版本不能接受，他请求放弃出版这本书。过了两天之后，卡佛又改变了主意，他让出版工作继续进行，他觉得最终的这个版本很美妙，简直令人震惊。卡佛的态度变化有两种原因，由于长期酗酒，他有时候不能确认自己的写作能力，有时候会完全放弃自己的判断，选择相信编辑的眼光。另外一个原因很明显，为了能够出版小说，这个还是籍籍无名的写作者已经尽量妥协了。

这大概就是一名无名作家与知名作家之间的权力博弈。与此形成对比的是，当利什用类似的方式修改纳博科夫的小说《瞧，

雷蒙德·卡佛

那些小丑》时，这位隐居在瑞士的《洛丽塔》作者大为恼怒地说："这个名叫戈登·利什家伙是谁，他都干了些什么？！"随后，他把那些被改得面目全非的稿子直接拿给编辑说："这不能用。"卡佛却没有勇气面对利什说出这样的话，请求的语气暴露了他的怯懦和不自信，正是如此，才如此助长了利什重写他小说的勇气，在某些场合中，利什甚至说是他创造了卡佛。

文学史上有数不清的案例，无论是珀金斯帮助托马斯·沃尔夫修改小说，还是庞德删节T.S.艾略特的诗歌，利什重写卡佛的小说，这些都证明了编辑并非总是匿名的仆人，而作家也并非总是至高无上的作者。多年后，卡佛的小说终于恢复成了《新手》的原稿模样，至少在阅读之前，让我们记住利什这位编辑，是他让卡佛从一个无名作者成为极简主义小说的代言人。

III

第三辑

妩书媚影记

• 关于阿尔莫多瓦的一切

在影片《关于我母亲的一切》的结尾，西班牙电影导演佩德罗·阿尔莫多瓦要求工作人员打出如下字幕："谨将本片献给所有饰演女演员的女演员，所有演戏的妇女，所有变性的男演员，所有希望为人母的人，以及献给我的母亲。"阿尔莫多瓦曾经想过把1984年拍摄的影片《我为什么命该如此》献给他的母亲，但是最终还是担心母亲不喜欢他的电影而作罢。但是在《关于我母亲的一切》中，他终于鼓起了勇气把这部同样是讲述一位英雄式的史诗般母亲的故事的影片献给自己的母亲。事实上，正是在1999年，《关于我母亲的一切》刚刚上映后的不久，阿尔莫多瓦的母亲就去世了。

阿尔莫多瓦出生于1951年，小时候生活拮据，母亲为了贴补家用做起了帮助邻居写信、读信的营生。有次，他发现母亲在帮助邻居读信，总是杜撰一部分信上并没有的内容。他批评母亲撒谎。母亲却说，难道你没有看到他们听到我说的话之后很愉快吗？阿尔莫多瓦后来才恍然理解，母亲不过是补充了信中缺少的部分，她对邻居们读他们想听到的东西，可能遗忘的东西，满怀善意强调的东西。这些即兴发挥对阿尔莫多瓦是重要一课，因为它们表现出虚构与真实的关系，向他表明真实需要虚构，这样才更加完整，更加愉快和被人接受。观看了阿尔莫多瓦的众多影片之后，你才能理解贯穿阿尔莫多瓦影片的一条基本的要素，就是

“真实需要虚构”的原则。

对阿尔莫多瓦来说，从事电影导演虽然是他的一个兴趣，但也是一个偶然。11岁的时候，他就读教会学校，在教会学校的同一条街上有一家电影院，对宗教灌输感到厌恶的时候，他就会偷偷地溜出学校坐在电影院里享用电影大餐，这种方式后来被阿尔莫多瓦调侃为用自己的方式“对自己的世界忏悔”。

阿尔莫多瓦最初用超8毫米机拍摄影片，因为没有资金、职业演员和任何的技术设备，超8毫米机拍摄出的影片十分的简陋，甚至没有声音。但是就在这里，阿尔莫多瓦显示出他在电影方面的超强天赋和对电影的痴迷。为了解决声音问题，阿尔莫多瓦在放映影片时，就坐在放映机旁边，为所有人物配音，并时不时地做一些旁白，用一个小录音机不时的根据剧情的需要播放一些插曲，有时候甚至对演员的表演作出点评。

对于阿尔莫多瓦来说，这些早年的经历不但十分的好玩，而且对他以后的电影生涯十分的重要。因为只有在现场，你才能真正知道观众喜欢什么样的电影。只有亲自坐在观众席上，你才能看到观众脸上的表情的变化，才能感觉到他们在观看影片时，时

《关于我母亲的一切》电影海报

而忧伤时而快乐的情绪波动。对于阿尔莫多瓦来说，这些早年的电影生涯，是他和观众建立起良好关系的宝贵经验。

● 电影之外的海明威

电影《海明威与盖尔霍恩》不是海明威的传记，导演菲利普·霍夫曼只是截取了海明威四段婚姻中的一段：海明威与他的第三任妻子玛莎·盖尔霍恩的生活。

我们对那些大作家的私生活常常有着窥探的欲望，尤其是像海明威这样永远不会安心于书房写作的大作家。但是从霍夫曼以往的作品看，他绝不会简单地拿海明威的感情生活作为电影的中心，他擅长从作家的感情生活中窥探他们的时代。尤其那些身体力行参与到时代风云中的作家，更能引起他的兴趣。

他拍摄的《布拉格之恋》改编自昆德拉的《生命中不能承受之轻》，拍摄的《鹅毛笔》取材于法国大革命时期的萨德，还有那部《情迷六月花》取材于作家亨利·米勒与精神分析学家阿娜伊丝·宁在巴黎的浪漫传奇。从这些以往的电影中，我们不难看出霍夫曼拍摄海明威故事的野心。海明威的四任妻子，有三位属于典型的顺从型，只有这位战地记者盖尔霍恩与他共同经历了西班牙内战、抗日战争，渴望在写作上超越他的存在。菲利普似乎更倾心于这段作家的感情与大历史交融的经历，所以才用这样曼妙浪漫的手法描述这段经过战火洗礼的婚姻。

影片始于盖尔霍恩的回忆。1936年12月，海明威与盖尔霍恩相遇在醉汉乔酒吧。年轻的盖尔霍恩自视甚高，在小海明威将近10岁时，她就已经开始了写作生涯，她的第一部小说《疯狂的追求》，借用了济慈的诗句作为标题，卷首语则是借用海明威的，当年九月份又出版了一本短篇小说集。她结识海明威后，经常出入他们的家庭，第二年，海明威更是直接邀请她去西班牙。这一切，海明威的妻子宝琳·法伊弗都瞧在眼里，但她选择了沉默。影片中，盖尔霍恩第一次拜访海明威时，宝琳已经从这个高挑的女人身上嗅出了敌意，她声称她是海明威的第一读者，也是他的守护人。这点宝琳倒是没有夸大，宝琳具有很深的文化修养，她的文学鉴赏水平很好，海明威离不开她——和她的钱——海明威的几任妻子家庭都很富裕，尤其是宝琳，继承了家里的不少遗产。当海明威在外面拈花惹草、乐不思蜀时，宝琳会直截了当地诱惑他回家，说让他花她的钱。但钱有时候也买不回他的花心，事情最终无可挽回，婚姻走向毁灭时，影片中展现了这个家庭深深的矛盾，宝琳无情地嘲讽海明威说："你还好意思把你的阴茎拿出来炫耀，说比司各特·菲茨杰拉德大，我清楚它有多大。"

影片开始时，还有一个很突兀的情节，盖尔霍恩以这样的一个句子开始她的回忆："我这辈子大概是最不懂性爱的女人了。"换句话说，在她与海明威的交往中，吸引他们在一起不是性，而是文学与战争，有传记作家都怀疑他们在一起是否有着这样的关系——影片中倒是对他们之间的性关系做了不少露骨的刻画，甚至有媒体声称这是妮可·基德曼（在片中饰演盖尔霍恩）从影以来最不值得露点的电影——至少盖尔霍恩不想给他生孩子，最终不得不领养一个。盖尔霍恩渴望在文坛上立足，她需要借助海明威的名望与指导。

而且与其他几位一直顺从的妻子不同，她有着自己文学与生活上的追求，她是一个有着强烈的独立与生活意识的女人，她渴望有自己的事业，她的强势源于她不断追逐的野心，她不甘心居于海明威之下。她可以去西班牙，还在抗日战争期间去了中国，而后还去了纳粹集中营。这样的一个女人，既吸引着海明威，又对他产生了巨大的威胁。也许悲剧就是这样发生的，没有人想妥协，她不甘心做一个相夫教子的妻子，一旦她感觉不到需要，她就会寻找新的生活支点。所以对于他们最终的感情破裂，影片中作了一个简单的总结，是因为海明威偷偷夺去了她在杂志社的职位。海明威想通过这种方式压制她的追求，她干脆选择了放手。

保罗·约翰逊在《知识分子》中描写了很多他们感情破裂之后的细节，盖尔霍恩抱怨婚后，海明威变得“一年比一年精神更错乱”。她“同一个奴隶主般的畜生过着奴隶的生活”，她出走了。他的儿子格雷戈里发表意见说：“他就是在虐待玛蒂(盖尔霍恩的昵称)，当他终于把她对他所有的爱都摧毁时，她离他而去，他却声称是她遗弃了他。”1944年年底，他们两人分手了。按照古巴的法律，由于是她离弃他，海明威获得了她在那里的所有财产。海明威说他与盖尔霍恩的婚姻是“我一生中最大的错误”，在一封长信中，他列举了她的罪状，指控她犯有通奸行为(称她为“兔子”)，还说她从没有见过一个男人的死亡，但是她对暴行的描写却使她成为靠此赚钱最多的女人——她写的全是假的。

在这部电影中，对他们之间感情破裂的缘由并未着墨甚多，导演霍夫曼更关心是他们的爱情之外的大历史。他们的感情见证了20世纪最为震撼的历史与战争。在这部电影里，一旦涉及历史化的叙事，影片的风格大变，故意采用纪录片方式，从彩色变为黑白色调。这种风格化的转变一方面可以追求历史感，一方面也暗示着海明威与盖尔霍恩交往的虚构性。影片无疑虚构了很多场景，对两人的交往也进行了浪漫化。但是在刻画这段历史中，观影者还会忍不住沉浸其中。

我一直有这样的一种感觉，海明威时期的作家才是真正的作家，当代的作家躲在一个个房间里苦思冥想地写作时，海明威他们已经参与了历史。无论你对他的私生活有多少的鄙视，你不得不佩服他深入到那些巨大的场景之中写作的勇气。电影中最为值得称道的地方，就是海明威与盖尔霍恩在西班牙战争期间亲眼目睹的战争画面，我们看到了摄影记者卡帕如何拍摄出那些震撼人心的照片，我们看到了约翰·帕斯如何为争取支持四处奔走，我们同样看到了当时的苏联记者那种颐指气使的样子——盖尔霍恩回忆说，那个记者无疑是绝对忠于斯大林的，但是两年后同样逃脱不了苏联大清洗的命运。这些事件无一不在宣示着特殊的意义，让我们领略到，一位真正的作家是如何写作的，他们意识到

《海明威与盖尔霍恩》电影海报

自己正在创造历史，而且有意识地用写作推动历史的发展。尽管这部电影的一大败笔就是把海明威塑造成了一个整天说着“海明威式写作格言”的平面人物，但是不得不承认，那个时代的作家让那些蹲守在房间里苦思冥想寻找题材的作家们相形见绌。

● 当“新浪潮”遭遇希区柯克

在以《电影手册》为中心的新浪潮电影人中，弗朗索瓦·特吕弗是有名的自大狂，在影评圈中被誉为“恐怖小孩”。他挨个儿攻击法国导演，说他们拍出的电影不好看、没个性、太商业化、缺乏热忱等等，把所想到的电影大师数落了一遍。但是，别以为特吕弗是个愤世嫉俗的人，他同样是一个热爱电影和崇拜大师的人。他有时候崇拜大师的程度都有些匪夷所思了。据说，他很认真地考虑过要不要娶希区柯克的女儿派翠西亚为妻，可见特吕弗对希区柯克的狂热喜爱程度。

但在一次纽约之行中，他发现虽然希区柯克在美国大受欢迎，但人们对他的了解仅止于表面，此外，影评界完全低估了他的创作才能。因此，在回到巴黎后，他决定写一本关于希区柯克的书，希望通过这本书能改变美国影评界对希区柯克“恶作剧式的、蓄意嘲弄的采访的伤害”。

说干就干，1962年6月2日，特吕弗给希区柯克写了一封长信，希望希区柯克能接受他的采访。当时的希区柯克正忙于拍摄《鸟》，但是他仍抽空给特吕弗回了封电报：“您的来信让我热泪盈眶，非常荣幸能得到您这样的赞美……等《鸟》拍完后，我会抽空与您联络8月底见面的事情……”

1962年8月13日，那天正好是希区柯克的生日。特吕弗做好了充足的准备工作后，赶到了好莱坞。他整个星期都待在希区柯克的工作室，甚至在用餐时间都会有人送来餐食。整个采访用了50个小时，光摄影师拍摄的底片有52卷之多。这之后，已经没有希区柯克式的悬念了，他们的谈话记录集结成书，出版发行。尽管有美国的影评人对此比较悲观，说这本书在美国会卖得很差，会让导演们的声誉遭到损害。但事实证明，这本名为《希区柯克与特吕弗对话录》的书，现在已经被公认为电影史上最好的书籍之一。

翻阅这本书，无论对于专业电影的研究人员，还是希区柯克的影迷们，甚至是对于一般的电影爱好者，都是一次非常愉快的经历。读者在轻松的阅读过程中，便把希区柯克这个胆小、但擅长拍摄恐怖电影的人的一生尽收眼底。特吕弗在此采访中很精炼地概括了这位电影大师的性格："我逐渐注意到他和平时判若两人：他在观众心目中的形象很自信，有意玩世不恭；而如今我却觉得他真正的本性是脆弱的、敏感的、容易激动的，他深深地、切实地想要把自己的感受传达给观众。"

这本书出版后的几年中，1972年的5月，特吕弗在戛纳电影节又一次遇到了希区柯克。但是很显然，这次会面让特吕弗有些

希区柯克与弗朗索瓦·特吕弗

吃惊："我觉得他老了，疲惫了，也有些神经质，因为他在放映一部影片的时候总是很激动，就像一个年轻人要通过一门考试一样。"但是，尽管如此，他仍然很幽默。当特吕弗问他对奥斯卡奖有什么意见的时候，这个终生与奥斯卡无缘的胖胖的人却把奥斯卡幽默了一把，他说，"最好每三个月颁发一次"。

● 重生

看完电影《阿黛尔的生活》想到了苏珊·桑塔格。我印象很深的是她十几岁时意识到了自己性别上困惑，在日记中坦诚了她的无所适从。在她16岁时，她在日记中记下了她与一个男孩的初吻："一想到和男人发生肉体关系，就只有羞辱感、堕落感——我第一次吻他——一个非常长的吻——我心里非常清楚地想'就这些吗——真傻'我试过了！我真的试过了，但我现在知道绝不可能就这些——我想躲起来。"她羞于提及对男性肉体的恐惧和厌恶，随后的半个月里，她认识了一个女孩，开始意识和体验到了美妙的性爱关系："紧贴着她，她身体的重量压在我身上，她的吻和双手的爱抚，这时候，一切绷紧的东西，一切让我胸口疼痛的东西，全都烟消云散，不见了踪影。"

我引述这么多桑塔格的日记，当然不是为了窥探隐私，而是想到了电影中阿黛尔刚开始与她的男友托马斯在一起时，同样经历了惶恐不安，对自己身份不明，性别模糊的困惑。而当她遇到了艾玛之后，她们两人因为爱情和肉体关系变得清晰，而获得了狂喜。那种性爱的愉悦，满足了彼此之间的对爱的表达。很多人都会对这部电影中"加长版"的性爱场景表示惊异。首先，我们可以说这是法国艺术电影的一个特质，在法国电影中，你能看到角色通过性来表达自己的存在，他们的性爱场景是自然的裸露、痛苦地挣扎，甚至是令人颤栗的虐恋。而具体到这部电影，我们甚至可以把性爱场景看作是一种同性宣言——如此大胆，如此融洽，如此沉迷，如此自然，乃至于使我们忘记了情欲，忘记了性别，忘记了影像的存在，只记得阿黛尔与艾玛这对孤独的爱人，极力取悦于对方，满足于对方，从而满足自己的存在。这就是性爱存在的原因。

上面提及桑塔格的日记，那本书叫做《重生》，所谓“重生”，即意味着通过认识到自己性别上的不同之处，并且通过同性之爱来确认自己的身份归属。在桑塔格1959年11月19日的日记中，她如此记录下自己的感受：“性高潮让我整个心思聚集，我开始渴望写作。性高潮的体会不是救赎，更重要的是自我的诞生。我无法书写，直到找到自我。我唯一想成为的作家，就是那种暴露自己……写作就是消耗自己，赌上自己，但到现在我甚至还不喜欢自己的名字念起来的感觉。要书写，我就得喜欢自己的名字，因为作家要和自己谈恋爱……在与自己相遇及狂热相恋中写出他的作品。”我之所以觉得桑塔格从感情到书写的转换之间有种怪异的联系，是因为她觉得写作欲望与她的同性恋身份有关，“我需要身份认同当武器，来反击社会对我

《阿黛尔的生活》电影海报

的敌视”。

而对于《阿黛尔的生活》这部电影来说，它无关政治，无关女权主义，甚至无关性别的困惑，它只是表达一段情感的收获与失落。这个故事如此简单，以致换做任何一个人身上都会发生这样的故事，在成长中恋爱，同居，生活，出轨，分手，继续成长。这样简单的故事，如果撇开了光影的媒介，几乎没有任何魅力，但是奇特的地方就在于，导演通过长达三个小时的讲述，巧妙地用镜头审视和观察着电影中的两个女孩子的生活，简单的光影置换之间，我们几乎忘记了镜头的存在，融入了她们的平淡生活，一点点地跟着她们的脚步成长。这几乎是一部浑然天成，让我们忘记表演，忘记电影存在的电影。正如导演阿布戴·柯西胥所言，这部电影是世界性的，因为讲述是纯粹的爱情。

这部电影还有一个令人着迷的原因，在生活中，他们总在谈论生活之外的东西。能够把形而上把玩成了生活，这也许是法国电影的魅力所在。一位英国历史学家论及了法国电影与其他国家的不同：“你很难想象一个英美导演会像埃里克·侯麦在《幕德家的一夜》（1969）中那样，从帕斯卡尔的上帝之赌一路谈到列宁主义革命的辩证法，一个人会为是否同另一个人睡觉而痛苦纠结长达两个小时。在这部电影中——正如那个时期的许多其他法国电影中一样——犹疑不决代替行动，成了情节的推动力。一个意大利导演多半会在戏中加入性爱，一个德国导演八成会加入点政治，而对法国人来说，纯粹谈概念就足够了。”

● 莱昂内的美国梦

1984年2月17日，一部名为《美国往事》的电影在美国小范围内点映，当时并未引起多大反响。6月1日影片全面上映后，甚至遭遇了一片恶评。制片方将导演赛尔乔·莱昂内原本近四个小时的版本狂缩成139分钟，观众看到的只是一部不伦不类的黑帮电影。《美国往事》之后，莱昂内再没有拿起过导筒，五年后在家乡意大利郁郁而终。

《美国往事》讲述了少年“面条”（罗伯特·德尼罗饰）如何从懵懂少年成长为犯罪大佬的历程，该片不仅描述了主人公的一生，也展现了美国从上世纪20年代到60年代的黑帮史。时隔多年，等到人们终于看到了《美国往事》的原貌，这部传奇的影片才得以正名。马丁·斯科塞斯、昆汀·塔伦蒂诺都不止一次表达过对这部电影和莱昂内的崇敬。

2014年2月17日是这部电影上映30周年纪念日，媒体做了很多活动，分享了很多幕后的八卦往事。比如罗伯特·德尼罗是第一个去给“面条”试镜的演员；比如全片中最具美感和灵魂一幕，是年迈的“面条”来到了曾经偷窥初恋的老地方，从厕所的砖缝中，正值豆蔻的黛布拉在粮仓中翩翩起舞。面粉笼罩成了薄雾，圆形光源从头顶投下，让少女如天使般动人。不但“面条”被迷住，观众们也被这一幕深深震撼了。

此外，“面条”强暴黛布拉的一场戏可谓全片中最具话题性的情节。对于这场戏也有很多的解读，有美国影评人表示：这远比发泄欲念要有深度得多。黛布拉在小时候就开启了“面条”对少女的幻想，而他坐牢多年，无奈地斩断了与黛布拉的联系，重新见面之后，他不知道该用何种方式拥有她。“面条”不想失去自己的真爱，但他深知他们俩的生活已经越隔越远。最后，在车里送她的那段时间，被“面条”视为最后能抓住她的机会，于是他就用最直接而粗野的方式去占有梦想中的女人。与快感相比，“面条”心中更多的是绝望。在强暴了黛布拉的同时，他也是亲手斩断了掩藏在心里的最单纯的爱情，彻底走上另一条路。

在一定意义上来说，《美国往事》就是莱昂内的一场“美国梦”。从沉醉到梦醒，他经历了所有的美好与创痛。莱昂内曾经如此说：“美国是梦幻与现实的混合。在美国，梦幻会不知不觉地变成现实，现实也会不知不觉地忽然成了一场梦。我感触最深的也正是这一点。美国仿佛是格里菲斯加上斯皮尔伯格，水门事件加上马丁·路德·金，约翰逊加上肯尼迪，这一切都形成鲜明的对比，因为梦幻和现实总是相悖的。意大利只是一个意大利，法国只是一个法国。而美国却是整个世界。美国的问题也是全世

《美国往事》电影海报

界共同的问题：矛盾、幻想、诗意。你只要登上美国国土，马上就接触到各国普遍存在的问题。”

《美国往事》中有很多经典的镜头和场景，但是至今能打动我，却是一个微不足道的场景。少年“面条”在厕所勾引邻居家的少女佩吉未遂，把这一艳事分享给他的小伙伴们，说只要一个奶油蛋糕就可以跟她上床。过几天，他的小伙伴，比“面条”更小的派西，偷偷带了一个精心包裹好的奶油蛋糕来找佩吉。

那是个极具动人的画面，一脸稚嫩的派西蹲在佩吉家外面的楼梯上，小心翼翼地放下手中的蛋糕。蛋糕用一张白纸包裹着，一小块奶油粘在了纸角上，小派西伸出一根手指小心翼翼地抹去，放进嘴里。他脸上的表情如此陶醉，全身心沉浸在了这一刻甜蜜里面。他睁开眼，望望佩吉家的房门，又看看他精心守护着的蛋糕，犹豫了。他打开纸，蛋糕上一个红红的樱桃，诱人欲滴。小派西两个手指夹起那个樱桃，仔细看着，打量着，然后又放回到蛋糕上。他望了望佩吉家的房门，又看看已经打开的蛋糕。犹豫了几秒钟后，他夹起了樱桃，再没有迟疑，然后把整个蛋糕捧起来，贪婪而美味地吃了起来。等刚洗完澡的佩吉出门时，他已经把整个蛋糕塞进了肚里：他已经忘了此刻为谁而来。

我们常说，美食与爱不可辜负。但是在这一刻，我们看到了一个童真未泯的孩子对美好事物的爱。

• 奥斯卡的平衡艺术

第86届奥斯卡颁奖典礼上，哈里森·福特上台后引用了马兰·白兰度的一句话：“若你想从观众那里得到些什么，那你得用鲜血滋养他们的幻想，这才是最高明的骗术。”奥斯卡每年入选的最佳影片都可看做是这句格言的注脚。

无独有偶，第83届奥斯卡颁奖典礼上，斯蒂芬·斯皮尔伯格作为最佳影片的颁奖嘉宾出场时也说了一段话至今还记忆犹新：“接下来的获奖影片将会成为《午夜牛郎》《教父》《猎鹿人》中的一员，而其余的九部影片将会成为《愤怒的葡萄》《公民凯恩》《毕业生》《愤怒的公牛》中的一员。”是安慰也罢，是奖励也罢，其实他不过说出了一个事实，任何颁奖典礼都是一种注定的遗憾，把奖项颁给了某个人或者某部影片，并不能证明你就是最优秀的，只能说你是那些优秀群体和影片中的代表。

所以这些争议每年都在重复，我们喜欢的演员没得奖，我们寄予厚望的影片没有从众多影片中脱颖而出，我们的心情隐藏着焦灼和不满。奥斯卡已经经历了86个年头了，留下了许多经典的影片，也淹没了更多的声音。那些美好的瞬间能被人铭记，久久回味自然是最好的；那些伟大的遗憾被人铭记同样也是美好的。至少，我们应该知道，电影是光影的艺术，时间才是最好的奥斯卡评委，淘洗着风尘流转，洗尽铅华，在人们的记忆中永不磨灭。

每年的奥斯卡都是几家欢乐几家愁。比如今年（指2014年，下同），我们一边认为马修·麦康纳凭借《达拉斯买家俱乐部》里的癫狂表演是实至名归，同时又惋惜莱奥纳多·迪卡普里奥在《华尔街之狼》里的疯狂演绎更为传神，他也值得一座小金人；我们一边觉得凯特·布兰奇特在《蓝色茉莉》里的演出是她演艺生涯的巅峰之作，可是难道美国甜心艾米·亚当斯和连续提名18次的梅丽尔·斯特里普不也是奉献出了她们炉火纯青的精彩表演吗？也许，唯一遗憾的是，在最佳影片的选项上，学院最终选择了符合主流价值观，稍嫌平庸的《为奴十二年》，而不是在各方面都极尽完美《地心引力》，在这一点上显得很是反常。想想看，《地心引力》获得了最佳导演、摄影、剪辑等七项大奖，却最终与最佳影片失之交臂，这是学院派守旧的表现。这部影片持久的影响力需要时间来证明。

今年的奥斯卡最佳影片影片中，我最爱的是阿方索·卡隆的《地心引力》。原因很简单，因为这是一部纯粹的电影。

何为纯粹的电影？简单来说，一般我们看到的电影都是用光影的语言来讲述一个好看的故事。光影服务于叙事的冲动，制造

《为奴十二年》电影海报

人物的冲突，就如同我们阅读一本现实主义的小说一样。但是《地心引力》极简主义的剧情，已经让我们失去了对叙事的迷恋。如此简单的剧情，一方面会被人排斥为弱智，另外一方面会冒着很大的风险，因为没有讲述故事的电影，还有观众喜欢么？从这个意义上讲，《地心引力》冒着极大的风险，因为它摒弃了我们习以为常的观影习惯，可以挑战我们的观影陈规。它做到了用光影叙事，它不讲述故事，它只表现无声地光影变幻，用这种特殊的语言来传递一种情绪，一种感动，一种震撼。所谓纯粹就是指，摒弃光影以外的任何叙事，把光影变成叙事本身，制造出某种叙事的陌生化效果，从而在极其复杂的镜头语言中，击中内心。

奥斯卡颁奖是一件微妙的平衡艺术，在传统与现代之间，政治与艺术之间，演员与种族之间，艺术与商业之间，学院小心翼翼地选择了一部影片的同时，就意味着另外一部影片成为失落的经典中的一员。从这个意义上而言，奥斯卡在奖励电影的同时，也遮掩了小金人背后的阴影中，那些默默无名的优秀影片。

说白了，还是不要计较太多，奥斯卡颁奖典礼就是一场半真半假的娱乐秀。三个小时的欢乐之后，不如打开一部没有获奖的影片，在静静的暗夜中观赏聆听光影的人生变幻。

●《2001：太空漫游》诞生记

1

无论是电影史上，还是文学史上，这都是一次独一无二的合作。文学与电影之间的距离从来没有如此贴近过，是文学成就了电影史诗般的地位，还是电影促成了文学的伟大，已经无法分辨。

我们见过各种将文学改编为电影的成功模式，也见过电影成功之后，把电影剧本改编为优秀文学作品（即电影文学）的。但是文学与电影之间的关系也不过如此，互相参照，互相影响，却各自独立完成，有时候这两种不同的门类还互相敌视。希区柯克有个狡猾的理论，只有二流的文学才能改编为一流的电影。一流的文学已经深入人心，转换成影像之后可能出力不讨好，固化了人们心目中美好的幻想，挑战观众对原始文本的忠贞。

总体而言，文学与电影之间就是这样松松垮垮的关系，它们也许互相成就了对方，但却很少承认彼此间的借鉴。当然，凡事总有例外，《2001：太空漫游》就是一个完美的例外：文学与电影打破了界限，成就了一次亲密无间的合作，文学与电影互为镜像。

1964年，斯坦利·库布里克有了制作一部外星人电影的念头时，他的工作人员向他推荐了英国著名科幻作家阿瑟·克拉克。库布里克隐约听过这位作家的名字："据我所知，他是一位隐士，一个住在印度某个地方的树上的疯子。”工作人员向他保证，克拉克只不过在斯里兰卡过着平静的生活，不是传言中的疯子。随后给克拉克发了一封电报：“斯坦利·库布里克——《奇爱博士》《光荣之路》等影片的导演——有意与你合作外星人电影，你有无兴趣？他认为你是一位隐士。”稍后克拉克回复说：“非常高兴和怪杰合作，勿再让库布里克认为我是隐士。”

2

1956年克拉克从纽约搬到了斯里兰卡，之后就一直居住在那里：一种说法是因为他喜欢潜水，喜欢那里的平静生活；另外一种说法是因为他的同性恋倾向，移居到这个岛国可以不受美国法律的约束。他没见过库布里克，但是他很喜欢库布里克的《洛丽塔》。

此时的克拉克已经是与美国科幻作家罗伯特·海因莱因以及艾萨克·阿西莫夫齐名的当代著名的科幻作家，他的小说《童年的终结》是同类中的经典，他睿智的写作风格以及看待宇宙未来的独特视角，无论从实用角度还是哲学角度，都激励了一代人。但是接到库布里克的邀请后，他还是有些犹豫，他认为好莱坞科幻电影大多数嗜好探险，而不是追求艺术上的成功。他的作品中还没有一部被改变成电影，他也从未写过剧本，他当时认为电影剧本是非文学作品，不值得关注。

随后的日子，库布里克给克拉克写了一封信。在信中，他邀请这位著名的科幻作家与他合作，开始一项新的冒险旅程。关于他想制作的电影，库布里克只透露说，他很想制作一部真正精彩的科幻电影，他将自己对此类电影的痴迷表述为“他相信外太空有生命的存在，以及这一发现将对不久后的地球产生影响。”库布里克建议他们两人应该进一步讨论这部科幻电影的想法。当时这部电影还没有名字，也没有手稿，可供电影改编的小说也没找到，只是一个初步的构思，但是这个构思一旦受到新的信息的刺激，就会不断地生长，产生无数新的创意。

尽管抱有一丝疑虑，经过了慎重考虑，克拉克还是接受了库布里克进一步讨论的建议。他写了一封回信，表示对此事很有兴趣。他不太清楚库布里克是想和他合作写一篇原创的剧本，抑或是想将他出版的作品改编成剧本。为了做好准备，克拉克认真地阅读了很多他以前写的小说。他觉得一部构思巧妙的短篇小说很适合被改编成电影长片，这篇小说就是我们后来熟知的《前哨》。这部小说是为了参加英国广播公司剧本的比赛而创作的，虽然并没有获奖，但仍然在1951年出版。

3

这是一部只有九页的小说，讲述的是外星访客在人类出现前就探索过地球的故事，小说结尾处的结论是，地球总有一天会被外星人占据。在小说中，外星访客在地球上留下了印记，克拉克将它描述为“一个闪闪发光的，金字塔的建筑物，有两个人那么高，嵌在一块岩石里，像一个巨大多面的钻石”。《前哨》是一部富于智慧和推理的小说，对电影来说，它是一种能引起思考的意象。

1964年4月，他们第一次见面就天马行空地讨论了很多话题，几次交锋与试探后，最终决定两人一起创作电影剧本。剧本使用了克拉克的短篇《前哨》为开端，对其进行改编和扩展。但是库布里克对这部“众所周知最好的科幻电影”有层出不穷的新想法，他不想写传统的电影剧本，他觉得传统的剧本不能传达导演的创意。他向克拉克提议说，他们先共同创作一篇有可能改编成电影的长篇小说，然后他在从小说中发展出一个可供拍摄的剧本。当时他们谁也没有想到，这种奇特而新颖，充满创意的合作方式会产生多么深远的意义，也没有想到这次合作有多持久。

克拉克在后来的回忆中说：“他想制作一部有关人与宇宙关系的电影——这一主题以前在电影史上从未有人尝试过，更不用说有所成就。斯坦利决心创作一部艺术作品，希望能引起人们的震惊、敬畏——甚至可以说恐惧。”

为了这部2小时40分钟的电影，克拉克从1964年5月底开始写作，一直到12月24日圣诞节前夕交稿，从他后来的日记中我们能够了解他当时紧迫的工作状态，一直处在精神崩溃的边缘，掺杂着噩梦与失眠，他总担心写不出合适的情节。但是当年底交稿时，库布里克欣喜若狂，他甚至对克拉克说：“我们拓展了科幻小说的边界。”小说以主人公戴维·鲍曼进入“星际之门”结束，但却没有给读者一个明确的结局。对库布里克来说，小说已经基本符合了他的预期，而对克拉克来说，这部小说还意味着更多的东西。

4

有了小说初稿，克拉克开始了他更为繁重的工作，对小说进行修改和补充。在修改过程中，库布里克否定了他之前曾经认可的某些章节。没有什么是最终定稿，因为库布里克为了满足电影拍摄的需要，想法也不断地改变。克拉克全程参与了电影剧本的改编工作，对于库布里克来说，只要电影没有拍完，小说与剧本永远没有臻至完美，他会一直有新的想法冒出来，要求克拉克改写小说和电影剧本。

1965年12月，当克拉克终于把终稿交给库布里克。库布里克打电话给克拉克，说他不喜欢里面的对话——他觉得初稿太过于啰嗦。库布里克希望这部电影更多地通过影像和声音来表现内容，而不是语言。最终，在这部长达139分钟的影片中，只留下了46分钟的对话。

后来库布里克对这部电影进行了解释："因为它本质上是一场非语言的体验，它试图更多与潜意识及感觉交流，而不是智力。我认为，那些不会用眼睛观察的人有一个共同的问题，即他们只会听，但这部影片中他们听不到什么。那些不相信他们眼睛的人不会欣赏这部电影的。"

这本小说的出版工作一拖再拖。1966年6月份，克拉克就试图说服库布里克同意出版小说的手稿，库布里克没有同意，他希望接着修改小说，但是拍摄电影的压力使他没法再继续这样做。克拉克坚持他是小说的作者，有权利宣布小说已经完成。克拉克因为不断地修改这部小说的手稿而损失了1500万美元的佣金，这让他背负了很大的债务，压力很大。最后库布里克让步了，同意小说定稿，但是提出了下面的条件：接下来的几周里，他还是有权修改小说，并做出记录。事已至此，克拉克满怀信心认为已经拿到了最终的修改版本，于是让经纪人安排出版事宜。

1967年4月底，克拉克签订了交易合同：条件是在电影放映前出版这本书。但是库布里克还是不愿意在这个合同上签字。库布里克对完美的嗜好以及这种固执的做法完全粉碎克拉克早日结束手稿的希望，也不再寄希望于库布里克在出版合同上签字。他意识到，除非这部电影完成了制作，否则他不要想出版这本小说。可是这时，完成电影的拍摄仍然是遥遥无期。

直到1968年2月，他们合作的第四个年头，电影上映前夕，小说版《2001：太空漫游》才终于出版问世。克拉克在上面题词说“献给斯坦利·库布里克”。这本书不是电影的改编，而电影也不是对这本小说的直接改编，因此库布里克用“变化中的小说”这一新的形式称呼它。

5

美国电影研究专家文森特·罗布伦托曾经这样分析这部小说与电影中的不同：“这部电影主要还是一种视觉上体验；而小说中有很多细节充满了叙述性的结构。小说可以作为读者对这部电

《2001：太空漫游》电影海报

影的向导，为他们解密其抽象和象征性的本质。对很多读者来说，它是理解巨石的意义和鲍曼星际之旅的钥匙。电影和小说互为补充，影迷们看了小说发现新的信息后会一遍又一遍地重新观看这部电影。”

克拉克也经常说：“想要看明白电影，我给你们开个药方：先读小说，再看电影，再重复操作。”自从1968年《2001：太空漫游》出版后，它已经被重印了上百次，销售出了千万册。克拉克随后又续写了这个系列的故事：1982年出版了《2010：太空漫游》、1987年出版了《2061：太空漫游》、1997年出版了《3001：太空漫游》，它们与《2001：太空漫游》构成了一个相对完整的“太空漫游”四部曲。但是谁都知道，如果没有《2001》的成功——用克拉克的说法，电影与文学“相互激荡”的成功——这部科幻文学史与电影史上都将缺少一部经典之作。

库布里克同克拉克的这种奇特的合作模式创造出了他们生命中最伟大的艺术作品。库布里克曾经评价克拉克说：“阿瑟有一种独特的能力，能赋予一片死海以深刻的含义。他的想法创意无限，对这个世界来说多多益善。他想象力丰富，聪明睿智，知识广博，还有一种不同寻常的好奇心。这种好奇心的特质揭示出了他生命中更多的东西。”克拉克始终保持着这种对外在世界敏锐的好奇心，他总是认为在他卷帙浩繁的科幻小说里，他不是在预测未来，而仅仅是在推理。科幻小说的意义永远不在于去谈论什么一定会发生，而在于去追问什么可能发生。

• 改编文学与奥斯卡

1

从一个段子说起吧。奥斯卡颁奖前夜，我在阅读诺贝尔奖得主阿列克谢耶维奇的新作《二手时间》，恰好读到一个苏联老兵的回忆片段：二战期间，一个苏联游击队的小分队遭到德军的围困，撤退途中，只剩下了三个人，看似已经无路可逃："我们掩护分队里只剩下三个人……我们剖开一匹死马的肚子，把里面的东西都掏空，然后自己钻进去。就这样在里面待了两天两夜，听着德国人走来走去，到处开枪，最终完全寂静下来。我们爬出来的时候，满身血污，全是马的内脏和排泄物……人已经神志不清了。"

看过《荒野猎人》的朋友都应该知道这个片段意味着什么。莱奥纳多·迪卡普里奥刚刚凭借这部电影成为新晋奥斯卡影帝，这部电影也成为他职业生涯中拍摄最为艰难的电影之一：他饰演的皮草猎人休·格拉斯被熊袭击，被同伴抛弃，被印第安人追杀，儿子又被杀，最终靠着顽强的复仇意志在恶劣的大自然中活了下去。其中最令人震惊的片段中就包括剖开马尸取暖的场景。只不过《二手时间》源自真实的口述历史，而《荒野猎人》源自艺术的加工。两者的巧合让人领略了不同艺术形式的魅力：历史的真实性总让人震撼，而艺术总会从历史或者其他艺术形式中寻找到灵感。

《荒野猎人》改编自美国作家迈克尔·庞克的小说《复仇》。这部电影最终在奥斯卡上斩获了最佳导演、最佳男主角和最佳摄影奖。这当然不是唯一的一部根据文学改编的电影，事实上，相对于往年，2016年的提名影片中大都是根据文学作品改编：斩获最佳女主角的《房间》是根据爱尔兰作家爱玛·多诺霍的同名小说改编；口碑上乘的《布鲁克林》改编自爱尔兰作家科尔姆·托宾的同名作品；“女王”凯特·布兰奇特主演的《卡罗尔》改编自美国女作家帕特里夏·海史密斯的作品《盐的代价》——如果你对这位以犯罪小说扬名的小说家不太熟悉，至少也应该看过根据她的小说改编的电影《天才瑞普利》（大帅哥马特·达蒙饰演男主角）；马特·达蒙主演的一部科幻力作《火星救援》，改编自安迪·威尔的科幻小说；《史蒂夫·乔布斯》改编自沃特·埃森克森的同名传记；另外一部讲述美国金融危机的影片《大空头》改编自迈克尔·刘易斯的非虚构作品，最终也获得了最佳改编剧本奖——值得一提的是，刘易斯此前的作品《弱点》和《点球成金》都被改编成了电影，都是前几届奥斯卡的热门影片。

2

说起来有些尴尬，这一届的奥斯卡给人的普遍印象是原创性不足，就连获得最佳影片的《聚焦》也是改编自《波士顿环球报》2002年1月发表的一篇获普利策奖的新闻，揭露了美国天主教神父对男童的性侵案。大导演斯皮尔伯格执导的《间谍之桥》根据根据美国律师詹姆斯·多诺万的真实经历改编，《特朗勃》

是好莱坞著名编剧、达尔顿·特朗勃的传记片——改编自文学、历史和真实经历的作品成为讨巧奥斯卡的捷径。

说起来也不难理解，原创剧本意味着凭空捏造，架空想象，是对想象力和创作能力的极大考验。而改编文学，尤其是那些改编自畅销书和侦探小说的影片，在上映之初就具备了一定的受众基础，用现在的话说，可以很好地利用IP效应和粉丝经济，吸引固定的读者群加入到观影序列中。

改编文学虽然不是影片成功的关键，却是不可小觑的因素。小说具有悠久的历史积淀，这种艺术形式所能展现的内容几乎可以涵盖所有题材：历史、神话、宗教、政治等等。更重要的是，小说所具备的社会意义在电影出现之前是无法想象的，德国作家席勒曾将他生活的18世纪称为墨印的世纪，在小市民生活的圈子里，大量的阅读变得具有传染性，而且这种阅读已经不是简单地阅读一本书《圣经》，而是渴望更多的小说类型；19世纪时，民众对狄更斯作品连载的期待毫不亚于现在对好莱坞电影的热情。

但正如美国小说家乔纳森·弗兰岑所言，新世纪以来，社会小说逐渐式微，是因为现代科技远比它更擅长做社会的教化工作，电影、电视、广播等都是生动而实时的媒介。在卡波蒂的《冷血》连载成功之后，就连新闻报道杂志也比小说更具有影响力——影片《聚焦》的成功登顶，将这种新闻报道的影响推波助澜，成为更具影响力的传播形式。

3

改编文学一直都是好莱坞的伟大传统。相对于舞台剧等形式，电影是最高效的改编机器：电影史上有很多因为改编让默默无闻的文学作品变成了炙手可热的畅销书，比如现如今流行的各种吸血鬼电影和美剧，追溯到源头就是20世纪30年代的经典影片《诺斯费拉图》，该片改编自布莱姆·斯托克的小说《德拉库拉》。从那之后，德拉库拉已然成为品牌，而吸血鬼的爱情故事也成为一种文学题材。某种意义上说，如果没有斯托克的小说，就不会有《暮光之城》系列小说和电影，也不会有大热的美剧《吸血鬼日记》。可是，现如今谁还会记得这位爱尔兰小说家的名字？尽管由他作品激发的灵感演变成了好莱坞长盛不衰的产业链。

另外一点，在早期的好莱坞，很多鼎鼎大名的作家都为好莱坞写过剧本，像威廉·福克纳、司各特·菲茨杰拉尔德、雷蒙德·钱德勒、理查德·耶茨都是一手小说写作，一手剧本写作。这种重叠的身份，自然会让很多作家将小说技巧和经验带入到影片拍摄中来。

以2016年获得提名的《史蒂芬·乔布斯》为例，这部风格化、片段化的影片之所以赢得很多人关注，很大程度上是因为它的编剧是鼎鼎大名的艾伦·索金，他也是《社交网络》和《点球成金》两部作品的改编者。

而另外一部提名影片《特朗勃》的人物原型，好莱坞十君子之一，《勇敢的人》《罗马假日》《斯巴达克斯》等电影的编剧达尔顿·特朗勃，早年也是以小说出道闻名，他的反战小说《无语问苍天》还赢得了1939年的国家图书奖，只不过后来受到麦卡锡主义的迫害，不得不隐姓埋名，以笔名进行创作。时隔多年，我们才发现了《罗马假日》的真正编剧是特朗勃。他在浴缸里写作的情形，成为奥斯卡提名影片展示的精彩片段之一。

小说的影响力虽然不如以前，但是小说却具备了影片所不具备的细节描摹功能。小说可以讲述，而电影只能展现；小说具备想象的空间，而影像画面的直白粗严重削弱走了人们自由想象的空间。所以，小说的功能是电影不能替代的。

一个明显的例子，在原著小说《房间》中，有个隐喻性的段落：杰克在房间里有九本书，四本是带图片的《爱丽丝漫游奇境》之类的童话，另外五本是适合妈妈看的《达·芬奇密码》等畅销小说。小杰克就是通过童话来建构自己内心的世界和外面世界的，他五岁的时候跟妈妈做蛋糕，就说是从《爱探险的朵拉》童话里知道生日蛋糕的。房间里有一个电视，妈妈只是有选择地让他看动画片，当播放广告的时候就调成静音，“因为广告会更迅速地侵蚀我们的大脑，所以要尽量避免它们进入我们的耳朵”。

当妈妈制定逃亡计划的时候，她调动了杰克所有的童话故事：要跟爱丽丝有勇气一样逃出秘境，要像《猫和老鼠》一样地逃跑，要像魔法故事里的巨人杰克一样勇敢，要像《爱探险的朵拉》一样不停地寻找一个安全之地。杰克得救的时候，他是用讲故事的方式告诉警官，妈妈被囚禁在一个房间里。童话代表的文学作品成为一部电影的麦高芬（MacGuffin，电影术语），成为推动剧情的关键道具和线索。

4

当然，电影的优势在于画面的精确性，视听语言可以带给我们极大的娱乐和享受，弥补我们阅读时想象力的不足，这方面《卡罗尔》的表演就很出彩，比如电影中很好地表现出了从卡罗尔与特芮丝双方不同视角的几次凝视，结尾两人遥遥对视，又将开篇的那种单一视角的凝视相融了，那种情绪化的感觉是无法用言语表达出来的；而《火星救援》呈现出了小说很难描摹的真实而直观的维度；《大空头》借助电影明星和厨师来解释金融术语的镜头显得通俗而有趣，这些都是文学作品无法展现出来的。

很多影片都改编自文学作品，但大多数影片会选择的畅销文学作品，比如犯罪小说、侦探小说、爱情小说等等。电影改编对严肃文学的关注程度很低，这也是不得已而为之，只有二流的通俗文学可以成为一部好电影，这是好莱坞不成文的规矩。经典的文学作品过于深入人心，大刀阔斧地修改无异于破坏经典在读者心目中各自拥有的形象。

对很多人而言，电影就是阅读文学的一种方式。如果电影对经典文学作品的改编篡改了原著的精神，这就意味着电影变成了另外一部抄袭之作，而且是一种拙劣的抄袭，因为电影毁掉了一部经典，这对于那些从不阅读经典，只通过看电影了解文学的观众/读者而言是一出悲剧事件。所以我们不难理解，选择畅销书就成为讨巧的改编方式，因为大多数畅销书都是昙花一现，改编电影的成功，反而成为某个时代的阅读风尚的记录。

2016年提名的众多改编作品中，称得上严肃文学的似乎只有托宾的《布鲁克林》，但《布鲁克林》的改编只能算成功了一半。因为这种平淡的文学只能通过妥帖的文字慰藉读者，置换成视听语言，用画面讲故事，就显得过于波澜不惊，缺乏影片所需要的冲突和高潮。

小说《布鲁克林》中，艾丽丝去买泳装的段落，本来是个闲笔，但是却暗示出了弗提尼小姐的暧昧，读起来很有趣。她不停地要求艾丽丝换泳装，假装不经意地抚摸艾丽丝的大腿，拍打她的臀部，一览艾丽丝胸部的春色，让艾丽丝感觉很尴尬。这个段落确实不重要，所以影片中并未过多展示，但却丰富了小说人物的多样性，也让人窥得时代的隐秘风貌。

奥斯卡颁奖典礼之后，我看到过一个评语说，该届奥斯卡可以看做是“电影之外讲的故事，输给了电影里的故事”。这句话的意思是说，《荒野猎人》和《疯狂的麦克斯4》这样用纯粹视听语言讲述电影制作本身的故事，输给了《聚焦》这样社会性新

《荒野猎人》电影海报

闻的电影故事。这个评价最有趣的地方就在这里，电影里的故事代替或者说延续了小说的社会教化功能，而电影之外的故事极力用一帧帧画面展现小说无力展现出来的强烈现实感和在场感。

汉娜·阿伦特在耶路撒冷

《汉娜·阿伦特》是一部知识分子电影，我的意思当然不是指电影类型，而是指观影前提。知识分子电影，不但关于知识分子这个群体生活，而且强调知识与观念在我们生活中的作用。但是大部分关于知识分子的电影，比如说作家的传记影片，无论是《卡波特》还是《海明威与盖尔霍恩》，都侧重于前者，也就是知识分子的生活，最常见的是从知识分子的私生活入手，多少有些猎奇的意味，也不免媚俗；而《汉娜·阿伦特》的侧重点偏向于后者，它把影片的重心搁置在了观念对我们周围生活的影响上面，也正是如此，让这部影片多少陷入了一种纯粹知识的讨论之中。如果没有足够的知识背景，带入影片会有些生涩。

如果不是对汉娜·阿伦特的整体思想和经历有所了解的人，很难进入这部影片设置的架构。影片截取的主要是20世纪60年代，阿伦特参与耶路撒冷对纳粹战俘艾希曼的审判事件，以及由此引发出来的“极端的恶”和“平庸的恶”之间的争议。影片对她早期的经历着墨不多，偶尔闪回中会提到她与海德格尔交往的片段——这种审慎地关注是明智的，之前我最为担心的就是导演会不会从这桩二十世纪的重要哲学私生活中窥探她思想成型的缘由，幸好影片只提及了海德格尔对她影响的片段：从思想上去理解，而不是去同情，更不会去刻意制造他们的罗曼史以夺人眼球。这同样也是她面对艾希曼这个纳粹战犯时所表达的观点。

大多数知识分子的电影都是关于知识分子生活的——知识分子代表了一个特殊的群体，仿佛他们的生活给普罗大众的生活提供了一个观看的对象或者差异化的场景。但是在《汉娜·阿伦特》中，导演刻意选取的这个片段，很明显想是用一种不同的方式改变我们对知识分子的看法。他们的哲学思考与我们的现实息息相关，他们用抽象的方式思考，并不代表他们的生活就是抽象的。我们不关心知识分子的私生活，同样也能感受到他们生活的激情，以及这种激情引发的观念对生活的碰撞。

当然，关于知识分子的那种矫揉而浮夸的生活方式，影片也提出了含蓄的批判，尤其是对阿伦特在美国生活的朋友圈子中的那些鼎鼎大名的知识分子，比如玛丽·麦卡锡就是最为著名的一位。在影片中，在阿伦特家中沙龙上，一旦涉及犹太知识分子的争论，玛丽就躲得远远的，表面上说是她不懂德文，但是更深层的缘由在于，这是美国知识分子与欧式知识分子之间的冲突。很有意思，影片就是从玛丽与阿伦特的一段争议开始。这对儿好朋友在一起谈论的问题不是哲学，不是文学，而是私生活——玛丽正在为离婚的事情而烦恼。

在影片的下一场争论中，一群流亡到美国的犹太知识分子、阿伦特的朋友们正在为艾希曼被以色列特工劫持的事情，以及在耶路撒冷接受审判是否合法而争论不休，玛丽却与另外一位朋友悠闲地喝着鸡尾酒，乐得躲开德国朋友的争论。还有一个场景，当阿伦特向《纽约客》杂志编辑威廉·肖主动请缨，想作为杂志的特约撰稿人前去耶路撒冷的审判现场时，肖显得十分开心，而另外一位女编辑显然对这位欧洲流亡的哲学家颇有微词："哲学家根本不懂得什么是截稿日。"——此话在阿伦特发表《耶路撒冷的艾希曼》时候倒是应验了。肖推荐这位女编辑读读《极权主义的起源》："这是二十世纪最重要的文本之一，辉煌而抽象。我理解她为何要去耶路撒冷。"

阿伦特为何要去耶路撒冷呢？作为一位德国的流亡者，她受教于当代最伟大的哲学家（以情人的方式），但却猝不及防地遭遇了哲学的背叛；她经历了几个月集中营生活，幸运地得以逃脱死亡的阴影；她看到了她精神上的同类的死亡——本雅明在流亡途中的自杀，对她造成了很大的冲击；她从一个年轻时候的犹太复国主义者变成了更为审慎的理性主义者。这些人生经历对她现在的生活造成了什么样的影响？她想从这位纳粹军官艾希曼身上得到什么样的解答呢？对犹太人的屠杀会得到什么样的审判呢？

这些都困扰着阿伦特。她在美国的生活已经改变了她思考问题的方式，她把自己看作美国人，而不是犹太人；一个特立独行的知识分子，而不是犹太复国主义者；是一个普通的人类，而不是抽象的概念。在以色列与她的老朋友库尔特·布卢门菲尔德见面时，他们的分歧依然存在。在布卢门菲尔德看来，一个犹太人怎么会对以色列没有感情呢？怎么会不热爱她的同胞呢？

阿伦特说："我从来没有爱过任何民众，为何要爱犹太人？我只爱我的朋友，那是我唯一有能力做到的。"在这方面，阿伦特从一个抽象的族群回到了富有感情的个体。对她而言，犹太人与其他任何民族并无不同，有高尚者，同样有卑劣者。不能因为这个族群遭受到了20世纪最为严重的灾难就可以成为一个高尚的集体概念。所以她在文章中丝毫没有掩饰犹太委员会对自己同胞犯下的罪责。

《耶路撒冷的艾希曼》之所以引起巨大的争议，虽然是因为阿伦特把艾希曼看作了一个唯唯诺诺的普通官僚，认为他是一个平庸的人，一个根本没有自我意识，只知道执行上级命令的军官。同时阿伦特从更深层的原因分析这次审判，她的思考已经超越了这次审判，她认为艾希曼式的罪行深入了我们的日常生活。

换句话说，当她的朋友和同胞期盼她描述一个大魔头时，她却走得更远。艾希曼无疑有罪，当他被捕接受审判时，判决结果已然是注定的，而且因为有纽伦堡审判提供的先例，对艾希曼的审判几乎不会有任何异议。但是对哲学思考而言，这次审判的意义已经超越了法律的范围。这才是阿伦特的文章引发的争议所在。

我们会说阿伦特的文章不合时宜，因为当公众想看到一场正义的审判时，她却把艾希曼看作了一个平庸的人，一个根本不具备执行力的官僚；当公众预设了对幸存者的同情时，她偏偏毫不

《汉娜·阿伦特》电影海报

掩饰犹太人的罪责；当她的朋友期待她对自己同胞深沉的爱时，她偏偏选择不爱。她所有的一切都过于理智、冷静、冷酷。她唯一的错就是她用哲学家的方式思考，而不是用媒体记者的方式写作。

影片的最后，阿伦特为了那些批评他的人，做了一场演讲。她愤怒地回应那些恶毒的批评：“我不是为艾希曼辩护，但是我的确是想把这个平庸的人与他所做的恐怖行为联系起来。尝试去理解并不是要宽恕。我有这个责任去理解。那些敢把这个话题在媒体上公开讨论的人都有责任去理解。”理解并非要去宽恕，宽恕也唤不回死去的幽灵，为了幸存者，我们更应该去理解大屠杀是如何发生的。这些犯下非人类罪行的恰恰是人类自己，人成为自己的悖论存在。如果能理解这种存在的悖论，也许人世间的罪恶就能少一些。

● 影评的力量

1

“过去的25年里，我可能已经看了一万部电影，对其中的6000部做过评论。其中绝大多数我都已经忘记了，我也希望能这样。”罗杰·伊伯特在1992年的一篇回忆性文章中说：“不过，那些值得记住的，我都还记得。它们都被放在了我脑海中同一个架子上。根本就不存在什么老电影。之所以这么说，还有一层意思在于老电影已经摆脱了时间的牵绊。”

多么迷人而有力的说法。10年过去了，伊伯特的声音和他的大拇指（“Thumbs up”）依然是衡量电影的权威。这些年他又看了多少电影？写了多少评论？这些依然是个谜。或者说这些都不重要，重要的是我们依然能读到那些铿锵有力、掷地有声的文字，回响于每部电影上映之时。伊伯特的存在代表一种影响的力量。我们阅读一篇影评时，或是寻找认同，或者寻找质疑，但很少会相信别人的分析，我们更乐意相信自己的判断！弗朗索瓦·特吕弗曾戏言，在好莱坞人人都有两份工作，除了自己那份，另一份就是写电影评论。在这个大众化的阅读时代，任何文字的深度和力量都会被消解，更何况这样的评论只是电影的附庸？对大多数而言，影评只是一种媒介。

很少有影评人像伊伯特一样，能够达到一种高度，让你放下某种戒心，信任他的判断。他持之以恒、喋喋不休，日复一日地推荐某些电影，没有让你厌烦，反而觉得他的眼光独到，选片精准，分析深入内心，不由自主地去认同他的标准和判断。我们不信任影评，很大程度上是因为，当我们看完电影拥有了自己的认识后，影评已经失去了意义。但是在阅读完《在黑暗中醒来：罗杰·伊伯特四十年精选》和《伟大的电影》后，我突然意识到，收录到这两本书的文字已经脱离了电影评论的范畴，成为极具魅力的文艺作品。形成这样风格的一个标志就在于，你在阅读伊伯特的影评，尤其是关于伟大电影的评论时，尽管没有看过他说的电影，但是你仍然能被他的文字所吸引。他所描述的细节，所分析的镜头，所提及的导演以及演员，都仿佛如此熟悉。我们开始意识到，尽管我们没有看过这部电影，但是从这个时候开始，我们想去看他提及的电影，而且有种迫切的愿望去一点点印证文字中提到的，那些令人难忘的伟大细节，是否像他所言的那么具有魔力。

2

在《伟大的电影》的序言中，伊伯特提到了入选该书的100部影片“不一定是电影史上最了不起的100部，因为真正的杰作是无法排行归类的，从这个意义上来说，所有的佳片榜单都是愚蠢之举。但是不妨这样说，如果你想纵览电影诞生后一个世纪内的里程碑之作，那么请以本书作为起点”。话是狂傲了些，但是完全有资格担当得起。一百部电影相对于浩瀚的电影史当然不算什么，但是100部“伟大的电影”就意味着一种影响的力量，而这种力量的滋生全靠一篇篇文字的魅力。电影博士李洋在《伟大电影的标准》一文中，提到了伊伯特的标准：“‘伟大’这个标准是复数的，它是经典、独特、催人泪下、激动人心、过目难忘等等形容词的另一种说法。当罗杰·伊伯特告诉我们一部影片是‘伟大’的，往往没有具体的标准，他只是在提示今天的青年不要忘记历史中的杰作。伟大本身不是一个标准，它是从不同标准中升华出来的对电影最高的尊敬和热爱。‘伟大的电影’不会按照某个标准以相似的方式再次出现。它一旦出现，立刻带来新的标准。”伟大的电影不是标准，它只是以一种影像的方式揭示某种真理、揭露真相、揭发困境；诉说人性的伟岸与渺小，丑陋与死亡等。这是个诉说不清的标准。

到底什么样的电影才是伟大的呢？我们也许可以借用卡尔维诺对经典的14个定义中提到的：每次观看仿佛是第一次观看，每次观看都有新鲜的感受，都会发现新颖的观点，都会有着悸动的体验的影片就是伟大的电影。伊伯特也提到了他自己的观影经验，他说《伟大的电影》中提及的电影有许多都是看过十几遍，其中有将近50部他曾一个镜头一个镜头地研究过。他还提到了英国影评人德里克·马尔科姆选择伟大电影的标准，那就是“一想到以后再也看不到这些片子就感到无法忍受”。对照这个标准，难怪我们对身边的越来越多的电影感到不耐烦，想想正在影院上映的某些大片，我完全可以说，一想到可以不用看这些电影，我就欣喜若狂。

伊伯特在关于斯皮尔伯格的一篇评论中辛辣嘲讽了一下好莱坞电影，他说在好莱坞，笨蛋根本就不可能走多远。所以即使是拍烂片的那些人，通常也够聪明，很清楚自己都是拍的烂片，“好莱坞就是这么一个竞争激烈的地方，你必须足够聪明、有天赋、有运气，才能一路往上爬，最终获得拍摄烂片的机会”。对照这段足够幽默话，观照下现在的某些导演，真是愚蠢得厉害，明明拍摄的是烂片，偏偏要捧上了天，容不下任何批评和冷眼。一个烂片都不敢承认的电影导演，你还能指望他能有一天拍出好电影么？

当然了，有烂片自然会有用之不竭的恶评。正像大导演罗伯特·奥特曼所说的，他不在乎恶劣的评论：“因为如果没有恶评的话，那好评还有什么意思？”一部电影史，能够流传下来的当然是好电影，伟大的电影，而那些大多数湮没无闻的呢，难道一定是烂电影么？电影是时间的碎片，经过了岁月的淘洗，很多电影都会失落，这其中有好的，自然也有坏的。现在还有谁在观看那些默片，或者黑白影像？至少大众不会，他们更喜欢在电影院里，高声大笑，或者窃窃私语，他们喜欢的正是这种逼真的影像。如果偶尔有黑白电影上映，那也是为了可以营造出一种怀旧情绪，换句话说，与黑白色调无关，与人们的情绪有关。

3

《伟大的电影》所涉及的100部影片中，有60多部都是黑白片。《在黑暗中醒来》中，虽然写到了很多彩色片，但是你会注意到这种细微的差别，伊伯特所写到的美国电影与外国电影有着极其鲜明的“文字界限”：美国电影大部分都是彩色片，而外国电影大部分都是黑白片，前者的评论文字显得极其漫不经心，说白了，像是为了每日的版面例行公事的交差；而涉及都爱到了外国电影和黑白电影时，他的文字迸发出了极其犀利的锋芒。这种区分当然不是绝对的，至少有人如果说不喜欢黑白电影时，伊伯特会毫不客气地说：这是一种无可救药的庸俗。

他在《在黑暗中醒来》中说：“彩色片太逼真恶劣。太令人分心。投射出肤浅的情感暗示。演员的地位反而被大大削弱。黑白片能营造出一种神秘的梦境，一个由形状和姿态构成的更加简单的世界。”

在《伟大的电影》的序言中，他同样强调了这种黑白影像的重要性：“如果你想了解电影的历史，想真正爱上电影，就一定要了解为什么黑白电影的效果不但不比彩色电影差，而且可以彩色电影更加丰富。”黑白电影似乎更容易令人专注于演员的表演和精彩的对白。说起这点，突然想到，现在的烂片很大一部分是剧本太烂，根本没有什么精彩的对白。演员念出那些干巴巴的句子，像是课堂上的小学生背诵课文一样，表演成了特效，特效成了主角，演员变成了背景。而过去黑白电影中，演员的灵魂主导性不可忽视。他们说出的每句话，每个句子都是如此的抓住你的

影评人罗杰·伊伯特与他标志性的“大拇指”

心，让你反复回味其中的含义。当代电影中，也许是唯一一部充斥着大量无用对白的，应该是昆汀·塔伦蒂诺的《低俗小说》吧，但是那部电影到底好在哪？好在对白是电影史上最多的？还是好在这些对白其实大部分与电影无关？换句话说，这仿佛成了一种反讽，如果把那些无用的台词抽出来，这部电影的剧情其实不受什么影响，但是如果真的抽离出来，这部电影的灵魂就没有了。《低俗小说》是一部伟大的电影，伊伯特也说："它之所以伟大也是由于其无与伦比的对白，对白是一切的基础。"但是现在的电影很多都不讲究对白了，仿佛在声嘶力竭地呐喊，回荡在空无之中。

伊伯特对影评写作有种观点是，爱电影本身并不值得赞扬，一个不爱电影的人其实也能写出有价值的东西。但是——注意，我要引述原话了，我觉得他说到我心坎儿上了——"你必须要做到的是，严肃地对待电影，把电影当做一件值得关注的事。如果你轻视电影，看不起电影，你没法成为一个有用的影评人。每部电影，拍摄者其实都希望最终能实现自己当初的想法，观众也都希望看完后能为它击节叫好。如果你觉得某部电影是糟糕的，或者某部电影以并非光明磊落的方式赢得了观众，不错，这可以是一篇影评精彩的开始，但你必须记住，拍摄它的人和观看它的人都为它放弃了生命中的某一部分，以求不辜负那几个月或几小时的付出"。

尊重电影，爱看电影，你才可能写出好的影评，我想他说的就是这个意思吧？

• 影评作为一种写作

1

这几天一直在看一部美国影评人罗杰·伊伯特去世前的纪录片《人生如戏》。伊伯特是美国唯一一位获得普利策奖的影评人，他从上个世纪60年代任职于芝加哥太阳报撰写影评，后与另外一位影评人吉恩·希斯特在电视台合作一档电影评论节目，影响了美国电影很多年，他们经典的“大拇指”形象被印在DVD封面上成为一种好电影评价的标准。2013年4月去世前，伊伯特在他的最后一篇博客中回顾他的一生说，每年他会给芝加哥太阳报写200篇左右的影评文章，且通过环球新闻社发行，刊登在200多份报纸上。2012年甚至是他一生中最高产的一年，共计写了306篇影评，每周一到两篇博客：“现在，我终于可以做我一直想的事儿：只评自己想评的片子。”

如果按照国内影评人的标准来看的话，伊伯特的话好像也没有值得炫耀之处，某种程度上，我们总觉得影评的数量往往与质量成为反比。只有少才能精准，而几乎每天一篇影评的写法，很可能意味着评论精华大量缩水，毕竟影评要建立在观影数量，以及重复观影的基础之上。按照很多专业人士的看法，就算伊伯特这样的大牌影评人也无法做到对影片面面俱到，而且每篇影评都能言之有物。影评作为一种写作，需要更加深入和深刻的分析，即具备学术性。随着时代与环境的变化，当年一篇影评可以影响一部电影票房的情况已经看不到了——《变形金刚》系列的导演迈克尔·贝就无数次跟影评人隔空对骂，声称他的电影不是拍给影评人看的，国内某知名导演更是直接说影评人是大尾巴狼——我们可以说伊伯特的去世代表了一种影评模式的消失，那样的影评有担当，有责任，有的放矢，言辞恳切而真诚。一个正能量的例子，大导演马丁·斯科塞斯当年一蹶不振，正是伊伯特对他电影的鼓励让他重新振作，拍摄出诺干经典之作。但现在，好莱坞电影模式中，商业类型电影的大批量生产，这种同一化和同质化的电影已经让影评的存在失去了意义。具体到国内的影评写作更为糟糕，很多影评其实都是院线的附庸，它们的存在更多是为了鼓吹电影，成为一部电影上映前宣传方式的一部分，大量无用而可疑的影评让我们本来就不争气的电影业更加浮躁。与此同时，学术性影评的写作又无法代替影评人写作，学院派的分析往往是滞后的、理论化的，远离大众的观看维度。

2

电影研究学者大卫·波德莱尔在他新出的《观照电影》中，也提到了影评写作的分裂：一方面，我们看到了电影学院的学者们，他们并无兴趣将电影视为一种艺术形式，他们只是将电影视为体现社会态度的载体；而在另外一方面，我们还有从事新闻写作的影评人，他们每日笔耕不辍，文笔优雅，他们将看电影视为生活，将电影视为艺术，但是论其写作和思考的深度，又不及那些学院风格的写作者。如何能够统筹两种影评写作模式，即能保持影评写作的专业性和深度分析的作用，还能短平快地借助于媒体平面对电影施加某种正确的分析和引导，这是很多影评人都无法回避的问题。

如果按照我们以上的分析来看，王小鲁的《电影政治》明显属于学院风格的电影评论。《电影政治》一书评论文章涉及西方电影理论中的大屠杀电影叙事、性别电影叙事、中国的独立电影和纪录片等内容。这些文章与大众文化中的影评存在较大的距离，理论性稍强，再加上内容上的偏离性——中国独立电影史本身就是一部禁片史——估计很难在大众的阅读期待中寻找到共鸣。但是从另外一个方面看，这种电影评论的写作又必不可少，我们需要在电影中投入更多的期待。某种程度上，日益匮乏的生活，电影这种娱乐模式已经变得必不可少，他已经超越了单纯娱乐性，形成了一种新的情感认同模式。夸大点说，在我们这口口声声寻找共识，却在差异化的道路上越走越远的时代里，电影至少提供了某一时刻的情感共识。尤其近几年，中国的电影市场已经成为全球电影的第二大市场，这种在电影中寻找共鸣的情感力量不容小觑。如何利用中国电影，使之从娱乐中超越娱乐，从电影中超越电影，就成为电影工作者需要慎重思考的问题。

提及何为“电影政治”时，王小鲁坦言，这不是一个传统的政治概念，传统政治是自上而下的统治术，而电影的政治是一种日常生活模式的政治：“我们通过电影来获得趣味，同时理解世界，塑造一种特殊的生活意志……电影在传统娱乐功能和艺术功能的实现外，还在塑造观众的社会意识，它可以推动人们对某些方面的想象力，修正和改变他们对于生活的理解以及自我理解。

电影是公共意识或多种意志的显影。”换句话说，电影不仅仅是作为艺术，还作为承载各种社会、政治和文化力量的载体。我们通过电影认识社会，通过电影对抗生活的日益平庸化，甚至通过观看电影获得救赎。对电影人而言，电影是生活的最大载体。只有明白电影的这种愈加重要的社会功能，我们才能明白为何在王小鲁在《电影政治》一书中谈论更多的是电影的文化研究、中国的独立电影和地下电影。

3

从另外一个方面解读这本电影评论集，这是一本“过时”的评论，这种过时不是指观念过时，而是时间的距离。当年的许多地下电影已经可以公映，当年许多的独立电影人已经晋身为商业大导演，这种转型有的成功，有的失败，同样还有很多独立电影人坚守自己的电影阵地，他们的这种变化很清晰地体现在他们近些年的影片中。比如贾樟柯，以一部《天注定》在海外获得赞誉不断，但是在国内仍然上映无期，而且这部电影评论的两极化，让我们看到了现实与影像之间有趣的理解错位。但是就算《天注定》这样的电影，同样也让很多电影人看到了贾樟柯的很多变化。

《电影政治》中，有一篇2008年与贾樟柯的对谈，王小鲁概括那个时期的贾樟柯：他比其他第六代导演天生具有优势，他在社会的各个层次，从农村到县城到大都市，都有自己坚实的立足点，他对中国社会变迁的迅速把握和应对能力，成就了他电影的伟大之处。时隔几年之后，贾樟柯的《天注定》在国际上的赞誉与国内的恶评让我们意识到，他有处理电影的能力，但是没有消化现实的能力。我印象很深的是戴锦华点评《天注定》时，格外注意到了故事之外的电影语言：“《天注定》使用了很多类型片形式，如王宝强那段是警匪片，富士康那段是言情片，赵涛那段是武侠片。对于新闻事件，大家期待的是纪实性的表达，他也做了纪实性的扮演，但有意思的是他把类型电影元素放在一起，而这样的元素又给故事以反讽。比如邓玉娇是最弱势最无助的，最后却把她拍成女侠，这也是向胡金铨致敬。王宝强扮演的劫匪，本身就代表了与主流判断不同的表达，在今天这个时代，成功者可能是规则内的巧取豪夺。”

换句话说，当我们只注意到贾樟柯电影叙事中的纪实性，只能说明我们没有真正懂得这部电影，这就是影迷与普通观众的区别：因为只有在观影量的基础上，看电影才可能超越看故事。没有一部电影是没有形式的，没有一部电影的形式是透明的，所以好的观影者绝不会用电影中的故事对照现实，他会看到故事之外的电影叙事，那才是这部电影真正蕴含的革命性的内容。如果只是关注故事层面，只会发现现实比电影精彩多了。

《人生如戏》纪录片海报

• 欧洲文明的挽歌

在电影《布达佩斯大饭店》结尾处，导演韦斯·安德森打出字幕说本片的灵感源自斯蒂芬·茨威格的作品。这位著名作家1881年生于奥地利的维也纳，那是一个我们难以忘怀的太平盛世和黄金时代；1942年茨威格自杀于巴西。在他写给前妻的最后一封信中，他确信这场战争还要持续多年，不知需要多少时间才能重返家园，作为一个欧洲文明的流亡者，纽约的喧嚣，巴西的狂欢，这一切都使他心情无比厌倦。他生活的那个世界已经面目疮痍，曾经的文明也再也找不到了，作为过往太平世界的见证者，他选择了与文明一起消逝。

《布达佩斯大饭店》承载的远比它所表现出来的东西要多。习惯于安德森建构起来童话般世界的观众，很容易会被影片中那个行将消逝的美好所打动。但是这个童话世界是被虚构出来的，无论是现实世界中的布达佩斯大饭店，还是电影叙事中那个隐居于中欧白雪皑皑的山顶之上的疗养院，它们的存在成为那个野蛮时代中的最后一丝人性之光。这之后，当战争开始侵袭这座迷人的城堡，当纳粹的杀戮开始践踏文明，当布尔什维克要将其充公，电影中的布达佩斯大饭店最终的命运就是成为一座迷人的废墟，供那些依然生活在战前世界的落魄贵族回味着旧日世界的完整和秩序井然。这是一曲欧洲文明的挽歌，是美好童话的破灭，是昨日世界的重现，是摇摇欲坠的黄金时代精神的破灭。

从这个角度就不难理解导演会影片开篇设置的叙事圈套：因为这是一种讲故事的艺术。用本雅明的话说，这也是一门已经失落的艺术，因为经验已经贬值，战争、贫困、饥馑让我们的经验变得无足轻重，沉默不语，这门口耳相传的讲故事的手艺失传了。影片开始于一位小姑娘去墓地献花给《布达佩斯大饭店》的小说作者，稍后镜头切入20世纪80年代的作家叙述：他告诉我们作家的想象力并非支撑写作的唯一源泉，作家的写作更多是源于别人讲述的故事，“那个给他人讲故事的人，也会收获他人的故事”。镜头伴随着回忆切入了1960年的布达佩斯大饭店中，年轻的作家（裘德·洛饰演）在此疗养，遭遇到了饭店拥有者泽罗，后者主动请作家共进晚餐，讲述了他当年（20世纪30年代）在饭店担任门童期间，发生在饭店的领班古斯塔夫（拉尔夫·费因斯饰演）上的传奇故事。这种多重叙事不厌其烦地转换，其实是一种逐层深入时代的独特视点。也许开篇的这个叙事圈套与影片建构起来的主体叙事并无多大的关联，但是这种讲述故事的形式，让我们意识到影片所具有的不同时代的多层体验，可以让我们意识到时代的不同气质和特征。

安德森以往的影片总被认为是形式大于内容，但是《布达佩斯大饭店》让我们看到了形式与内容之间强烈的互文性特征。形式大于内容大多意味着内容空洞苍白，但是这部影片中，形式与内容并非附属关系，更像是互相诠释和烘托的竞争者。影片屏幕的不同比例、精美无比油画般的构图、摇拍与平移镜头、童话般的布景、粉红的色调、向好莱坞黄金时代的老电影致敬的桥段，无不隐含着影片对逝去的文明岁月的怀旧与感喟。

我们能注意到，为了制造不同年代怀旧氛围，安德森采用了三种不同比例的屏幕致敬欧洲的辉煌历史。故事开始的墓地场景采用的是现在普遍流行的1.85:1，而当时间退至20世纪60年代，16:9的经典银幕比例让画面呈现出一种宽阔的单调。电影的大部分故事发生在20世纪30年代，1.37:1几近正方形的效果，让人们情不自禁地回到了好莱坞的黄金年代。影片给人印象较深的地方还在于，为了营造出一种油画般的布景，伴随着固定镜头，出现了无数的“框架”构图，除了本身就是一个画框，还有作为重要线索的《拿苹果的男孩》的名画，监狱窗口、汽车窗口、井盖、门窗、火车车窗、地下室出口、缆车窗口、教堂忏悔室的窗口、电话亭的窗口，这些框架加上固定镜头总能将观众的视线引向框架内的人物，就好像在窥视人物，又好像让我们欣赏一个过去时代框定在画框中的场景。

至于影片中的人物角色，我们已经习惯了安德森采用全明星阵容——一个很有意思的地方在于，安德森的每部电影都会有这么多明星来客串出演，他们出现大都只有寥寥无几的镜头，但是他们似乎都乐在其中。我只能将此解释为，参演一个风格化如此强烈、对叙事的掌控如此细致入微的导演的电影，就算饰演一个微不足道的小角色，也同样成为一种不可或缺的乐趣。某种程度上，我们可以说安德森的影片是在向逝去的文明致敬，而这些屈尊甘当小角色的大明星向一位具有人文情怀的大导演致敬。

当然，他们的表演都可圈可点，我们能够认出只有短短几场戏，化妆成80多岁贵妇的“女王”蒂尔达·斯文顿么？古斯塔夫与她分别的那场戏堪称完美，聊聊几句对白，让我们感受到了虚荣与优雅、浓浓爱意与虚情假意的对比。当我们才感受到古斯塔夫的虚伪和矫揉造作，又领略到了他的敬业、对艺术的喜爱，对浪漫主义诗歌的熟稔、对一种贵族文明的坚守——正是最后这点导致了他的死亡，为了拯救自己的门童，他毫无畏惧地对抗纳粹的暴力。

影片结尾时，当年的小门童继承了他的财产，拥有了布达佩斯大饭店，把古斯塔夫的故事讲述给了作家时，他概括这位布达佩斯大饭店的传奇“小人物”：“说实话，我觉得他的世界，早在他步入之前已经消逝了，但是毫无疑问，他用他超凡的魅力维持了这种假象。”

在这个野蛮的屠宰场里，的确残留着曾被称之为“人性”的文明之光，古斯塔夫是这样，布达佩斯大饭店是这样，甚至茨威格与本雅明的自杀都是因为他们曾经见证过这样一个黄金时代，所以他们无法忍受失去它，无法忍受眼睁睁看着他们热爱的文明被摧残和毁灭。

《布达佩斯大饭店》电影海报

我清晰地记得茨威格在的他的自传性作品《昨日的世界》中写到，1914年以前，世界是属于所有人的，人们想去哪里就去哪里，想在哪里待多久就待多久，不需要许可证和签证，也没有刁难，那些国境线不过是一些象征性的边界。随着一战、二战，这一切都变了：“后来我才感觉到，人的尊严在我们这个世纪失掉了多少。我们年轻时曾虔诚地梦想过我们这个世纪会成为自由的世纪，成为世界主义即将到来的时代。”

这个世界失常了，这个梦想中的自由时代已经烟消云散，只能存在于遥远的故事和童话中。从这个意义上说，《布达佩斯大饭店》所昭示的真理只有一个，童话越美好，现实越残酷。

•《地心引力》是一部纯粹的电影

写电影评论久了，就发现自己对电影存在很多认识上的误区，比如能够撰写评论的基本都是有“故事”的电影，我们如何评论，取决于我们对这个故事的解读和诠释层面，我们会从一部电影中看到各种隐喻，政治的、经济的、文化的、宗教的、哲学的等等，反而忘记了电影是光影的艺术。

电影是光影的艺术不假——但是在大多数电影中，我们忘记了光影，只记得电影的故事，偶尔会注意到叙事的层面，但是叙事的变化同样为了讲述一个好故事。影史上有数不清的经典之作，比如库布里克1968年的作品《2001：太空漫游》，除了电影本身的特效，我们更是从中解读出人类的创世计划，以及对技术文明的反思。这部电影的深奥难解之处在于，你甚至能从中找到现如今很多科幻电影的源头，当年那部电影中的一个点，现如今已经成为一部部电影的灵感的源泉。

阿方索·卡隆的新作《地心引力》总拿出来与库布里克《2001：太空漫游》相提并论，这种比较大部分时刻都有点不伦不类，我们可以极端地说《地心引力》与《2001：太空漫游》没有任何可比性，不是说孰优孰劣的问题，而是他们完全是不同风格的电影叙事，甚至是互相的反面，我们也许能从中解读对某种传统“影响的焦虑”在起着作用。

但是从另外一个层面看，在某些细节上这两部电影确实有借鉴的地方，比如《2001：太空漫游》为了拍摄出在失重状态下的镜头，采用了演员原地踏步和移动摄影机的方式，而《地心引力》完全采用了更为先进的电脑特效技术。总而言之，这两部电影之间最大的区别在于，《2001：太空漫游》代表了一种人对外太空探索的哲学之思，并没有摆脱讲故事的层面，而《地心引力》是一部“纯粹”的电影，这是一部根本没有任何故事的光影电影，光影本身变成了语言和故事，就仿佛光影本身会说话一样，我们随着光影的变化，心中充满了美好、惊恐、悲壮、流泪。我们被这部电影所打动，但是并不是被故事所打动，纯粹是感受到了无声无息的光影传递给我们的情绪。

很多人都会对卡隆的《人类之子》（2007）印象很深，很多导演偶尔都会炫技一把，在电影中使用长镜头，但是几乎没有任何导演能像卡隆一样对长镜头的使用如此痴迷。但是长镜头的使用并非如此容易，用不好的长镜头十分沉闷，而且很容易出戏，比如说乔·怀特的《赎罪》（2007），其中有个表现战争残酷场面的诺曼底登陆的长镜头惹人诟病，原因是这个长镜头与故事本身脱离了关系，好像是导演为了炫技而拍摄。但是在《人类之子》中，卡索对长镜头的运用已经到了极致，主观镜头与客观镜头的互相穿插，让整部电影少了很多沉闷，增加了很多新鲜的感受。

在《地心引力》中，这种长镜头的运用又达到了一个新的高度，因为整部电影基本都是电脑特效制作的背景，如何用长镜头表现出人在天空中失重状态下的真实感，而且把这种真实感传递给观影者就意味着更大的挑战。电影开篇就是一个17分钟的长镜头，一气呵成，完美无瑕，表现出了宇航员在空间站工作的真实面目，从悠闲自然直至危险来临的那种紧张感的跨越，这个长镜头注定会在影史上留下一笔。

我记得本片的特效总价提姆·韦伯在接受媒体采访时打了一个很美妙的比方：一个长镜头就像一支芭蕾。拍片的目的可不是要观众死寂般地坐在那里，不是要让他们坐在那儿等着某个人飘上来然后拍个特写。而是要处理得一秒钟都不能让人觉得乏味。“你是在用摄影机来讲故事的，从头到尾都是，不管是从环境的大远景到对话镜头，再到单个镜头，再到动作镜头，再到另个大远景镜头，都是在用镜头说话的。”所以，如果要在一个镜头里把东西都讲完的话，必须得想出办法，能把这些所有的类型都囊括其中。

先前处理过零重力的电影里，最知名要算是《阿波罗13号》导演为了拍摄失重的漂浮状态，用了一架自由落体的飞机从高处突然俯冲模仿自由落体，从而让宇航员体验在失重状态下的呕吐感，相信大多数演员都不会喜欢那种感觉。

《地心引力》电影海报

而《地心引力》采用了更好的方式，在巨大的灯箱里拍摄，然后后期用电脑合成技术，还原背景中那些壮丽而开阔的背景。我们注视着深远无垠的太空，能感受到太空的空旷和人的渺小，那种孤独而渺小的感觉一直会伴随着我们，直至影片进将结束时，桑德拉·布洛克饰演的瑞安·斯通博士成功降落在地球上，我们悬着的心才终于落了下来。

就是这样一部几乎没有任何情节和故事，大部分时间都是静默时刻的电影，完全依靠一两个演员的表演和光影艺术表达的电影，却让人感受到了一种无声的波澜壮阔之美。

● 浮华的盛宴

与原著小说相比，电影版《了不起的盖茨比》优点与缺点一样明显。但由于文字与影像之间的差异性，原本在小说中由菲茨杰拉德的才气遮掩住的东西，经过了华美影像渲染，反而凸显了出来，像雀斑一样刺眼。这不是导演的错，他几乎还原了小说中所有重要的场景，但是这种颇为“写实”改编，一股脑地也把小说中谨小慎微的缺点给放大了。

原著小说中，遭人诟病最多的是盖茨比这个人物的神秘性与模糊性，作者为了烘托盖茨比的出场，用了很多的铺垫。为了让他拥有神秘感，同时也造成了这个人物背景的模糊，尤其是在他与黛西的故事上，缺少深入的说服力。这个故事中唯一饱满的人物角色是尼克，菲茨杰拉德在这个人物身上投射了很多的感情，从他的视角打量这个浮华喧嚣的纽约世界，在梦想与堕落的过程当中感受到人情冷暖。所谓美国梦的坠落，正是从尼克的主观视角感受到的，在全部世界都抛弃盖茨比的时候，尼克反而喜欢上了他。他们最后一次见面时，尼克对盖茨比说：“他们都是混蛋，他们没有一个人比得上你。”盖茨比微笑着，“心里蕴藏着他的纯洁的梦”，菲茨杰拉德写到。

导演巴兹·鲁赫曼硬生生把这部电影打造成了一部歌舞片，一部纽约上层人的奢华派对。鲁赫曼一向善于掌控这样的场景，华丽丽的喧嚣与黑暗中纽约的肮脏一样多，奢华的面孔与卑微的人类，华美与堕落，艳俗与阴暗，时尚与煤渣并存。总会让人想起张爱玲的名言，生命是一袭华美的袍子，上面爬满了虱子——那些空虚如蚁的人类。这是美国梦的写照，是梦幻破灭后的失落，也是残酷而真实的虚空。如此才能彰显盖茨比的真诚与可贵，他用了五年时间打造的奢华帝国，只是为了吸引那个女人来见他一面。

菲茨杰拉德写到他们五年后再次见面时的片段非常动人："在那天下午的过程中，他一定偶尔会发现黛西的现实还不如他的梦想——并不是怪她不够好，而是因为他自己的幻梦有无比的活力——已经远胜过她，胜过一切。他一生全副精力已经贡献与这个幻梦的创造，好像脑中构想一幅魅力的图画，这里描一下那里添一笔，把所有臆想得到色彩都加上去。生命的火，血肉的活——任何现实都赶不上一个人心灵中年深月累所堆积的理想。"这是尼克的视角，电影中大部分都是采用了尼克的回忆，用他的旁白来讲述这个美国梦的实现与破碎的故事，这是我们唯一信服的部分。至于其他人，他们只不过是一幕华美的舞台剧之上，浮光掠影，匆匆过场的人物。他们的矜持与骄傲，在这幅巨大而空虚的场景之中，变得愈加渺小苍白。

巴赫曼并不是一个擅长把握角色情感的导演，给人的印象，他更在意如何布置背景，如何把那种奢华的基调展现出来，他对那些俗艳服饰的热爱超过了对人物的热爱。他迷恋人物角色上的华美服饰胜过爱他们一个个痛苦的灵魂。几乎所有的角色都是苍白的，也许是因为舞台剧的背景给人的印象太强烈了，就如同我们注视一件刺眼的衣服太久，转身看其他东西，总有某种巨大的眩晕与不适感，我们打量电影中的角色，也有同样的感觉。没有几个角色是真实的，他们是舞台剧上的木偶，没有血肉，没有感情，只是一个华美服饰下遮掩的狂欢的躯体。

《了不起的盖茨比》是关于自力更生的故事，关于我们辉煌而又注定失败的梦想。想想尼克对黛西的严厉，以及盖茨比为她所编织的梦想，还有尼克对盖茨比的告别——无比的热情，只有他对盖茨比是始终忠诚的。这也是为何电影版开篇采用了这样一种形式，尼克的回忆充满了怅惘，我们在尼克身上留意到盖茨比的痕迹，他们是这个时代中唯一的感同身受者，时代精神在他们身上得到了完美的诠释。

小说中黛西的远离是一种对爱情的背叛，这种背叛被尼克的热忱弥补了。而电影中，鲁赫曼对这个段落的处理更为温情，没有彰显出背叛的决绝，黛西的离开是因为她没有察觉到盖茨比的死。也许，背叛应该来得更彻底些，只有所有人的背叛才能让盖茨比升华到一个人们不能直视的高度。在这个繁华、时尚、堕落、虚伪、肮脏、屈辱的大都市中生活，还有人没有沉入海底，

《了不起的盖茨比》电影海报

依然保持着梦想的纯洁。

我重读了小说，对菲茨杰拉德笔下的纽约情有独钟："我在纽约住惯了倒很喜欢，大都市夜晚有一种放纵和冒险的情调，街上男男女女和往来的车辆使你目不暇给而感到一种满足。我喜欢在马路上溜达，在人群中挑出美丽而神秘的女人，幻想几分钟之内自己就会做他们的入幕之宾，神不知鬼不觉的，也不会有人反对。有的时候，在我构想中，我跟着她们转弯抹角走到她们的公寓，到了门口他们回头向我嫣然一笑，然后在门内温暖的黑暗中隐去。迷人的都市黄昏有时使我感觉到孤寂和怅惘，同时也觉得别人有同感——当公司雇员的那些穷小子在商店橱窗前面徜徉，挨到了的时候去哪里吃一餐冷冷清清的晚饭——黄昏中青年雇员，虚度了一晚，一生最值得真心的时辰。"

一生最美好的时光，我们都献给了都市的虚妄，和一段段不靠谱的感情，内心的空虚却从未减轻过。都市的浮华，流动的盛宴，困顿的人生，了不起的盖茨比。

• 伍迪·艾伦写给巴黎的情书

伍迪·艾伦的《午夜巴黎》就是一部电影版的《流动的盛宴》。

《流动的盛宴》是海明威早年在巴黎生活的一段回忆。1921年，海明威与他的第一任妻子哈德利·理查森刚刚完婚，经美国作家舍伍德·安德森的介绍，以报社记者身份的居留巴黎。20世纪20年代的巴黎有大批流亡的英美作家和艺术家，如埃兹拉·庞德、司各特·菲茨杰拉德、葛特鲁德·斯泰因、詹姆斯·乔伊斯，他们都聚集在斯泰因的文艺沙龙中，或者在庞德的工作室和西尔维亚·比奇的莎士比亚图书公司里谈诗论艺。

伍迪·艾伦的电影中基本都是以知识分子为主角，这个倒不是巧合。《午夜巴黎》中的主角是欧文·威尔逊饰演的是一个失意的美国作家盖尔，用他未婚妻稍微刻薄点话说“他从不允许别人看他的作品”。这点也符合海明威初到巴黎的境况。他在这个混杂着高雅与喧嚣，青春与饥饿，激情与写作的艺术之都中度过了长达五年的时光，除了艺术和写作，除了坚持和无比的荣耀，其实还有无法言语的其他，比如时时会捉襟见肘的生活，无处不在的饥饿。但这是一个艺术之都，世界的中心，艺术的存在掩盖了饥饿的存在。海明威有些开玩笑地写道：饥饿也是一种很好的锻炼。因为饥饿让他真正的理解塞尚是怎样创作那些风景画的，“后来我想，塞尚大概是在一种不同的方面感到饥饿吧”。“半夜醒来发现窗子都开着，月光照在高耸的建筑的屋顶上，这饥饿的感觉还在”。

现时代的美国作家盖尔徜徉在巴黎，徜徉在塞纳河畔，激动不已，渴望巴黎的生活，雨中的巴黎，渴望在这里生活，写作。但是他的未婚妻伊奈兹和他的岳父岳母对他的这种浪漫主义情结很不以为然。接下来的情节就有点荒诞不经了——但是考虑到伍迪·艾伦的风格，我们也许就习以为常了吧——在一个流光溢彩的午夜，盖尔在巴黎的街道上迷失了，然后就上了一辆马车，被拉到了《流动的盛宴》中写到的斯泰因的艺术沙龙里。

伍迪·艾伦也会玩穿越？得了吧，要说穿越，人家伍迪才是前辈。美国《时代》杂志资深影评人、《伍迪·艾伦：电影人生》一书的作者理查德·席克尔总结他的电影的一大特点就是“魔幻现实主义”。当然，伍迪的魔幻不是马尔克斯的魔幻，他喜欢用虚构的镜头，幻想出稀奇古怪的事物，可能是做爱的时候灵魂出窍，可能是小精子穿着白盔白甲等待着射出来等等，与其说这是魔幻，不如说是恶搞。穿越到20世纪20年代，这样荒诞的出现在《午夜巴黎》中一点也不用稀奇。总之盖尔见到他梦中的那些大作家和艺术家，海明威、菲茨杰拉德和让他沉迷的女人泽尔达，他还结识了一位美丽的女人——毕加索的情人阿德瑞纳。阿德瑞纳在每个午夜带领他漫游在1920年代的巴黎街头，他日益沉迷其中，更加坚定了生活在巴黎的决心。他的写作在斯泰因的指导下也找到了方向。

伍迪·艾伦在《午夜巴黎》中，描摹了十几位的作家和艺术家，对他们各个性情的描述，简单而略带温暖的嘲讽。这也是伍迪电影中一贯的基调，他总是觉得自己与那些知识分子们有一段距离，他总认为自己清醒而理智，写作和艺术对他而言，几乎毫不费力。他不会懂得饥饿的感觉，尽管他拍摄了一部电影版的《流动的盛宴》，但是他只注意到巴黎的一面，那就是海明威所说的，“假如你有幸在年轻时在巴黎生活过，那么你此后一生中不论去到哪里它都与你同在，因为巴黎是一座流动的盛宴。”

伍迪·艾伦认同这种巴黎之美，艺术家之都，咖啡馆造就的浪漫文化。但是他总觉得这样的艺术黄金时代只是一种幻想，是后来者比如海明威在回忆时，不知不觉中淡化了回忆的苦涩，怀旧的心理增添了美好的幻觉，说白了《午夜巴黎》就是一场梦。梦醒时分，现实会有些苦涩的味道，也有些残酷的反讽。

所以当我们看到盖尔和他认识的梦中情人阿德瑞纳从20世纪20年代又穿越到19世纪90年代的巴黎时，真有点啼笑皆非的感觉。这就是伍迪想要达到的效果，他总不忘嘲讽人们的怀旧心理，他们见到了19世纪的三位画家：高更、亨利·德·图卢兹-罗特列克、埃德加·德加。阿德瑞纳认为这才是她向往的“黄金

《午夜巴黎》电影海报

时代”，她不想回去了，她想留在这个年代！

盖尔向往的人才辈出的黄金时代是20世纪20年代，阿德瑞纳向往的黄金年代是19世纪90年代，高更们更加向往的是文艺复兴时期。换句话说，所有的黄金时代都是一梦，一场幻想，是回忆的错觉。正如同离开巴黎才能写巴黎的海明威，在30多年后回忆巴黎的时候，那种回忆某种程度上了虚构了巴黎的生活氛围。我们无法不谈论生活，因为只有先生活，然后才可能是读书和写作。但回忆则不同，任何东西在回忆的光影交织中，总有幸福的影子，哪怕饥饿和心酸。这也许是一种虚假意识的满足，也许是一种对过往时光的感喟。

伍迪·艾伦的电影像是一种有距离的反讽，但是在对巴黎这个城市的观影中，我们从他嘲讽的光影之恋中看到了一丝丝认同和沉迷。有人说这是伍迪·艾伦写给巴黎的一封情书，也许吧，正如海明威写到的：“巴黎是一座非常古老的城市，而我们却很年轻，这里什么都不简单，甚至贫穷、意外所得的钱财、月光、是与非以及那在月光下睡在你身边人的呼吸，都不简单。”

● 伊朗生活的浮世绘

1

伊朗导演贾法·帕纳西因为拍摄不利于国家形象的电影，早在2010年就被伊朗政府禁止出境和拍片，罚他20年内不得进行任何电影创作。但帕纳西似乎并不把这些惩罚当成事儿，2011年偷偷运送新作《这不是一部电影》参加了戛纳电影节，2013年偷偷拍摄《闭幕》参加了柏林电影节，而且还荣获当年最佳编剧银熊奖。2015年他又如法炮制出另外一部作品《出租车》，最终在柏林电影节上大放异彩，众望所归获得了金熊奖。

帕纳西这几年的电影同样也是如此的政治正确，所以在2015年的柏林电影节上，《出租车》的上映开始并未让人有过多的期待，但是这部小品一样的伪纪录片在描述伊朗各个阶层的生活时，充满了讽刺与幽默感，几个小故事，前后结构都有着密切地呼应转和。其中固然有伊朗政治的高压，但人民的智慧在通过出租车的一路行进中，让人还能感到些许的温情和希望。无关乎政治，这部电影，把触角深入到了人与人的生活当中，电影充当了认识伊朗个阶层生活的媒介，当然，也变成了一个揭露现实的利器。所以结尾处，当摄像机被秘密警察拆下时，屏幕瞬间陷入黑暗，它又变成了一种残酷生活的最好见证。

2

《出租车》与帕纳西之前的《闭幕》一样，仍然是采用了伪纪录片的形式。帕纳西饰演帕纳西，因为无法拍电影，只好转行开出租车。他在出租车上安置了一台小型摄像机，记录下搭乘的乘客和他们各自的交谈故事，构成了一部纪录片。不可否认，这是一个十分出色的创意，任何开过出租车的人都能知道，这个职业能接触到各种不同的人群，他们的谈吐和故事几乎形成了这个世界最为丰富的创作素材。

比如我国很多出租车司机都是评论家，对时事、交通状况、文化建设等等，几乎生活的任何方面都能评论得头头是道。这样的拍摄手法，几乎不需要成本，只需有一辆出租车，不需要演员，只需要在搭乘的乘客当中选取那些有故事的人，利用后期的剪辑，营造出一个完整的故事氛围。

更重要的一点，伊朗出租车与我们一样，也免不了有拼车的现象，于是乘客之间有来有往，产生交锋，制造冲突。人与人之间，不同的阶层之间，不同的职业之间，他们之间的交流与对话，构成了伊朗社会最为原生态的写真。

第一个故事中，前排的男乘客在关于伊朗死刑的问题上与后排知识分子形象的大学女教师产生了冲突。男人看到摆放在车上的摄像机之后，误以为是车辆防盗的记录仪。然后就滔滔不绝地说起自己的一个亲戚，他前几天停在外面的汽车的四个轮子被盗了。他感慨地说，现在的小偷太可恶了，如果我是总统一定要抓住几个小偷处死，以儆效尤。后排的女教师反驳说，偷盗固然不对，死刑更不可取，这样的方式只能是草菅人命。她说那几个小偷说不定也是走投无路才去偷的。她设身处地地对前排的乘客说，偷盗当然不对，但是你怎么能如此漠然地谈论死刑，我们应该看到问题的根源，有时候人犯罪是环境造成的，我们不能因为偷盗了几辆车就判处别人死刑。而前排的男人一直坚持只有对小偷更重的处罚才能改变这种环境，如果绞死几个小偷就能以儆效尤，让很多人警戒，难道不是好事?

争论到最后，女教师问起了男人的职业。男人回答说，我是一个自由职业者。到底是哪一种自由职业者？男人在下车的时候回头告诉女教师，“我就是一个小偷，但是我既不偷像你这样的贫困女教师，更不会偷一个开出租车的笨蛋”——帕纳西因为不是认识路，被小偷鄙视了。

3

下一个乘客是一个汗涔涔的矮胖子，他上车之后一眼就看出了这是伊朗导演帕纳西，看到了车上的摄像机之后，更一口认定这位导演正在拍电影：“刚刚从您车上下去的两位，应该就是演员吧？”换句话说，当我们正沉浸在一种纪录片式的真实境况后，这种记录的真实感马上就被下一位乘客打破了。这是这部影片十分巧妙的节奏，一个故事中营造出的纪录片氛围，在下一个故事开始之前，会被重新定义。当这一位乘客认识上两位是演员之后，是否就意味着在他身上发生的故事代表了纪录片的真实呢。

很有意思，这位乘客之所以认识帕纳西，因为他是一位盗版光盘的贩卖者——同样是我们熟悉的一种职业，在网络不盛行的年代里，有多少文艺电影都是通过盗版碟传播的，有多少大师是通过盗版碟被认识的。这位贩卖盗版碟的人也是一位“迷影者”，一上车就迫不及待地对导演表达了自己的惊喜之情，顺便还显摆了一下自己的电影知识：“您知道我是怎么发现下车的两位是演员的吗？因为他们最后的台词让我想起了《深红的金子》（帕纳西导演作品）。”这个对话最为巧妙的地方就在于，一位电影爱好者用导演以前的电影打断了他现在的电影拍摄，而这种打断同时亦是一种对纪录片拍摄手法的解构。那是一种影迷与导演之间心领神会的约定：我一眼能够看出你在干什么，我对你的拍摄手法一目了然。

简单来说，出租车导演的乘客轮番登场：一个小偷、大学女教师、盗版光盘的贩卖者、一对儿被车撞到的农民夫妇、两位要去山里放生金鱼的老太太。他们每个人都分属于不同的阶层，有着不同的生活状况，而且这所有的故事都发生在半个小时的时间内。接下来，故事的重点放在了导演去接了自己放学的小侄女。

4

小侄女要拍摄一部“电影”在学校上映，但是学校同样对小学生拍摄的短片做了很多限制：比如“女性必须佩戴面纱，男女不得有任何接触，不能表现悲惨的生活以及暴力镜头，正派角色禁止戴领带，也禁止使用波斯语姓，尽量使用先知的名字命名角色和人物，禁止任何政治和经济话题，等等”。老师还告诉学生，这些限制规则需要仔细体会，可以举一反三，只要有损国家形象的镜头，就要自我剔除掉。帕纳西听着小侄女的絮絮叨叨，开着出租车一路行进。

最后一个故事中，他们在路上偶遇了一位手捧玫瑰的律师朋友，她正要去监狱去看望被一位正在绝食的女大学生：“正像你的电影《越位》中的桥段一样，女大学生和朋友们想去球场看一场比赛，还没有进门就被捕入狱了。已经被关了108天，绝食了10天。”在当代的伊斯兰国家里，某些场所仍然禁止妇女抛头露面或者进入，尤其这些男性聚集的体育场更是禁止女性入内。这位充满了笑容的民权律师，与导演一样，同样被律师公会禁止了工作，但她毫无畏惧，依然做自己该做的事情，去监狱探监，帮助那些需要法律援助的人。下车的时候，女律师留下了一支鲜艳的玫瑰，说：“把这朵花送给拍电影的人，因为你们是非常棒的人。”可想而知，在柏林电影节放映的时候，这个美丽的女性手持玫瑰的镜头定格在大屏幕上，会感染到在场的每一个人。

这大概是这部伪纪录片的希望所在，我们见识到了伊朗生活的方方面面，无论审查有多严苛，人民有多贫困，对女性的歧视有多严重，监视仍然无处不在——最终车上的摄像机被秘密警察偷走了——但总有一些人给你希望，就如同那个美丽的女律师，如同热爱电影的人们，不屈不挠地抗争，认识到现实的残酷，所

《出租车》电影海报

以才能笑得如此充满感染力。这就是黑暗时代的一种启明之光。

柏林电影节上放映《出租车》时，不能到场的导演附上了自己的一段自白：“我是一个电影人。我什么都做不了，只能拍电影。电影是我的表达方式也是我生命的意义。什么都阻止不了我拍电影。越将我逼向死角，我越接近内心的自我。而在如此私人的空间中，尽管有这样那样的限制，创作的必需性早已不是单纯的一时冲动。电影作为艺术已经成为我生活的首要重心。这就是为何我必须在如此艰难的情况下仍然继续拍电影，以此来表达我对电影的尊重，也让我自己感觉还活着。”所以，那些总要把拍不好电影的责任推给审查机构的导演们，你们也应该去看看这部几乎零成本的好电影。

● 一个不道德的人

78岁的荷兰导演保罗·范霍文，携60多岁的法国影星伊莎贝尔·于佩尔拍了一黑色惊悚片《她》，此前在戛纳电影节上压轴亮相，成为这一届电影节上最惊艳的电影。

1

伊莎贝尔在影片中饰演一名游戏公司的老板米歇尔。这个女人具备现代成功女性所有的特质，生活中喜欢掌控一切，工作上也是独断专行，遇事冷静果断，无坚不摧，总是令人敬而生畏。她照顾80多岁的母亲，“赡养”没有工作的儿子，跟前夫保持着良好的关系。对了，她还睡了闺蜜安娜的老公，与此同时，跟安娜经营同一家公司，定期约上自己的前夫和安娜夫妇共进晚餐。总之，这个女人包裹着层层的壳，坚强得令人望而却步，自由得无拘无束。

但是，如果米歇尔仅仅是这样一位坚强的成功女性，为什么导演范霍文还说，当初打算在美国拍摄，竟然没有一位美国女演员敢接受这个角色？我想到的第一个顾虑，是因为情色的原因。熟悉范霍文作品的人都知道他曾以《土耳其狂欢》（1973）这部情色片扬名，后又进军好莱坞之后又拍摄了《本能》（1992），同样以极其大胆的情色轰动全美。他在电影毫不忌讳各种暴力和暴露肉体的片段，曾经引起很大的争议。如果有女演员会因为这个原因拒绝《她》，好像也说得过去。

但是仔细想来，上个世纪90年代的影片因为裸露身体而争议倒是说得过去，现如今大尺度的影片比比皆是，别说好莱坞的审查，就连普通观众也早已见怪不惊，而且在《她》中并没有大尺度的情欲戏，国内视频网站的版本，将有碍视听的部分剪去了三分钟，涵盖了所有的裸露镜头和情欲戏份。这就是所谓的大尺度的极限。要说好莱坞因为这些镜头拒绝一位大导演的戏，根本就说不过去。那到底是因为什么原因呢？

2

说白了，是因为《她》中米歇尔这个角色是一个不道德的人。这是一位绝对强势的女性，这种强势不仅仅体现在她工作中绝对的掌控欲、在私生活中的不检点、甚至在遭受强暴之后的若无其事，而是更多体现在，她内聚了一种精神力量，可以将任何外界的干扰排除在自我之外。她自成一个系统和世界，外界的任何干扰和侵害，对她的伤害，包括他的儿子、闺蜜、母亲、父亲等等周围人对她的感情，一切都无所谓。她不是冷漠，很观众都觉得我们在看另一个“局外人”一样，但是米歇尔这个角色不是加缪笔下的局外人。

局外人的疏离和冷漠源自找不到存在的意义。就如同加谬《局外人》的著名开篇：“今天，妈妈死了。也许是昨天，我搞不清楚。”主人公默尔索对任何事物都缺乏热情，生与死也并无不同，他后来在海滩上枪杀一名的阿拉伯人，似乎也找不到原因。但米歇尔这个角色不一样，她的强大源自一种强烈的主动性，一种对秩序的渴望。我们大多数人生活在社会中的结果是被社会同化，而米歇尔会将外界的一切异化成她世界的投影。外界任何东西和事物都无法对她造成伤害，影片开始不久有个细节，她去快餐厅用餐，她的情人打电话过来想跟她约会，她在人声嘈杂的快餐店，旁若无人地说，今天不行，我来大姨妈了。旁边一位年老色衰的女人，听到他们的对话好像耳朵被强奸一样，忍无可忍地将吃剩的餐盘洒她一身。米歇尔惊愕的表情一闪，根本就没有起身，仍然保持镇定自若的姿态。下一个镜头里，她又换上了一身名牌，出现在镜头里——要知道，这还是一位刚刚被强暴的女性。

影片的主要叙事就集中在她被强暴之后的系列反应。影片开始可谓先声夺人，伴随着米歇尔痛苦的呻吟，有东西摔在地上的声音，还有一个男人粗暴地打人的声音，画面出现在视野当中，米歇尔躺在地上，一个蒙面的黑衣人正在从她身上爬起来，然后转身离去。下一个画面中，米歇尔爬起来，简单整理下身上的衣物，把打碎的盘子清扫进垃圾箱，整理好房间，订外卖，等候儿子文森特上门吃饭。文森特注意到她脸上的伤痕，她若无其事地说，没事，骑自行车摔倒了。

如果按照惯常的电影叙事，这个角色的系列行为是行不通的。一个女人被强暴了，她的第一反应是什么？报警，找人来，向儿子申诉，保留强暴的证据而不是清扫干净，寻找施暴人等等。但是，米歇尔几乎没有再提及这件事，尽管她脑中反复出现她幻想杀死强暴者的场景。第二天发生了快餐店被羞辱的那一幕；在公司，她很冷静地指出正在制作的游戏，被强暴的动画角色“高潮的时候表情不对”；她去医院检查身体；购买了防卫的喷雾和武器等等；去母亲的公寓；跟安娜的老公在格子间亲热；周末跟安娜夫妇和前夫聚餐的时候，闲聊一样地说自己被强暴了。

她说话的那种口吻与其说像受害者，不如说像一个八卦者，正在谈论一件与己无关的事情，她的眼神从朋友的脸上一一掠过，查看他们惊骇的表情，不动声色之间，心中似乎还有一种小得意。因为这正是她预料中的反应，一切都在她的掌控之中。

3

米歇尔当然不是对强暴无所谓。但她与其他女性最大的不同在于，她想知道侵犯者是谁，这不是结束，而只是开始。在蒙面黑衣人再次闯入家中侵犯她的时候，她刺伤了他，扯下了他的头套，发现他是她对面的邻居——一对儿典型的中产阶级夫妇中的男主人，他还是米歇尔十分中意的那种类型，她甚至偷窥过这对儿夫妇其乐融融的生活。这一瞬间米歇尔有种出离愤怒的嚎叫。这个片段乍看是正常的反应，就如同任何一个受害者发现了施暴者之后的愤怒一样，但是这种愤怒与米歇尔之前的冷静完全不同。

导演范霍文在接受《电影手册》的专访中提到，伊莎贝尔改动了这场戏，按照剧本，侵犯者摘下了面具，她将之掷向窗外。她需要吼出：“出去，出去，出去！”然后冲向窗户，望向马路，回到另外一个房间。但是将面具扔出窗外后，她没有做以上描述的动作，而是继续吼叫，转圈，然后跌坐在椅子上。她没有停下。范霍文说："她把整场戏在一个镜头中完成，好像有魔鬼附身了一样……这其中有耶稣般神迹的一面，在与某种表演之魔的关系中——要知道，耶稣其实曾是驱魔人。"

这场戏的魔力在于，米歇尔（伊莎贝尔）不但对自己进行了一场驱魔仪式，将之前受到的伤害的那种压抑爆发出来，还对侵犯者发表了一项声明，她不再是那个被动的受害者，她要夺回对身体的主动权。她与其说对侵犯者喊叫，倒不如说是对自己的心魔喊叫，让那个受害的无助的女性出去，她不是软弱被动的受害者。从此之后，她就是她自己，任何侵犯只有经过她的同意才能成立，这就像扭曲的两性关系中，受虐者也会成为施虐者，而施虐者/侵犯者自然也会变成受虐者/受害者——这个场景已经暗示了电影的结局，当她夺回了身体的主动权，掌握了这场游戏，就如同她是一家游戏公司的CEO一样，她就掌握了下属的命运，而那个曾经的侵犯者，只能卑微地匍匐在她的脚下，听从她的召唤，成为她满足她欲望的奴隶。

4

米歇尔这个角色从来不是让人同情的女性角色，对她来说，同情是一种女性的耻辱。有人说她是存在主义的最好诠释，她接纳加诸她身上的任何伤害，并甘之如饴，享受这种私人的入侵。我们也可以将其看作黑格尔笔下的绝对精神，她接纳对她的伤害只是开始，她试着了解这种侵犯，学习它，模仿它，参与进来，然后从被动伤害者变成了主动掌控一切的女人，她享受这种转变过程中身体带来的释放。我们能注意到她不再享受跟闺蜜的老公偷情了。他们最后一次上床时，一个啼笑皆非的片段，她像一个已经没有任何感觉的妓女一样，而闺蜜的老公兴致盎然。结束后，男人还对她的表现赞不绝口：你今天扮演的尸体真不错。

邻居继续诱惑她的时候，她当然知道去到地下室会发生什么。现在他们之间已经不是侵犯者与受害者的关系，而是一种角色扮演中的施虐者/受虐者，施虐者是蒙面人/邻居男，而受虐者是女性/米歇尔。但是在角色扮演中，他们的关系发生了转变，当米歇尔不再反抗，邻居男就无法施暴，他的角色就丧失了意义。

这个时候，米歇尔开始明白，反抗才是性兴奋来源，她的反抗已经让她变成了施虐者，而邻居男变成了受虐者。她完全掌握了主动权，就像他所有的生活一样，她是一个完全自主的女人。她在这场最后的高潮戏中的表现，让施暴者邻居男感到挫败，他终于发现原来她比他更享受这种虐恋。那是一种压抑的欲望彻底释放的激情。她酣畅淋漓，他惊骇不已。

米歇尔是个不道德的女人。这种不道德无关任何的政治不正确，无关她公开谈论女人的性高潮、偷闺蜜的男人、在快餐厅谈

《她》电影海报

论月经、跟踪前夫的女友、干涉母亲的性生活、不去探望在监狱“深造”的父亲、跟自己的邻居虐恋等等。她建构了一个自己的世界，这个世界与外界毫无关系，她用自己的快感和私人体验作为衡量的标准，进而将外界世界悬置了起来。每个跟她发生关联的人，都需要接受她的世界中的秩序，在她的世界中，她是唯一的统治者，规范制定者，就如同她完全掌控她的公司发展方向一样。她世界中唯一的道德就是她的感受和体验，甚至可以更直白一些，是她的性体验和性快感，是这些在社会陈规中无法谈论的羞耻之物。

米歇尔的不道德，不是因为她是个女人，而是因为她是个人。

后记

2013年，我在《广州日报》上新开了一个专栏叫“妩书媚影”，最初的构想是以当时的阅读为线索，以观影为辅助，写写文坛和影史八卦。专栏文字都不长，千字左右的篇幅，断断续续写了两年多，也积累了10多万字。这本书的原型就是出自这个专栏。

专栏写作有它自己的特点，比如迅疾的语速，零散的思想，匆忙的判断，流于表面的抒情，短暂的时效性，等等，这些都容易为人所诟病。但是从另外一个角度来说，专栏写作同样不可或缺，我们不但需要某种精神上的指引，还需要分享某种阅读经验，我们需要知道自己的思想并不孤独，需要在这种媒体平台上完成某种阅读和写作对话。这就是我专栏写作的初衷。

时隔几年，我打算把专栏文章结集出版，重新翻阅那些短小而不精悍的文字，突然发现了很多不满意的地方，几乎每一篇都有可以扩展的空间。当文字脱离了篇幅的限制、发表时的语境，几乎所有的短板都暴露了出来，恨不得重写大部分篇章。大概这种分裂的心态在这本书中有很清晰地体现：一部分文章保持了专栏文章的原貌，另外一部分文章进行了大刀阔斧地修订——我希望这种修订不是画蛇添足，不是多余的饶舌，不是废话提炼机。最理想的情况是，我希望它能满足不同阅读层面和阅读需求的读者，这大概是每个写作者都奢望达到的完美情况。

这是我的第一本书。严格来说，它只能说是我阶段性写作的一个总结。而且这种总结有时候很让我觉得很尴尬。比如，翻看以前的文章，我的感受往往很复杂：有时候觉得以前的文章写得太糟糕了，还不如不出版；有时候会恍惚觉得现在还不如以前写得好，这只能说明我没有丝毫的进步，还停留在顾影自怜的阶段，这种情况就很糟糕了。所以最好的状态就是不要总结，继续写作。瓦尔特·本雅明有句话我很赞同，他说，绝不要停止写作，因为那样一来你就再也不会忽然想起什么了。只有不断地写作才能保持我们对语言的敏感、对经验的提炼，以及对写作本身的敬畏之心。

但是，我还会为自己的这本书做一个简单的辩护。生活在我们这个时代，很多写作者都有一种危机感。这种危机源自瞬息万变的环境，也源自我们内心对外界变化的某种不适应。这个时代除了变化是不变的，几乎没有什么是恒定不变的，我们被裹挟着，踉跄着行走在变化中，还来不及细细体味这种变化的细节，就被拖着观看下一幕的场景。我们的经验来不及总结和梳理，更不用说提炼出可以恰如其分地概括这个时代精神的文字。

十几年前，我拥有了第一部手机，可以打电话、发短信，就觉得是步入了智能化时代，现如今谁还记得自己的第一部手机是什么样子？不是贫穷限制了我们的想象力，是想象力限制了我们的未来。现在的生活基本已经数字化，我们的阅读体验更是如此。试想不远的将来，我们说起家藏万卷书，邀请同好者去参观的时候，打开房间，最尴尬的一幕出现了：空荡荡的书架上只有一台电子书阅读器。我们现在的写作带着一种紧迫感，把自身视作最后一代纸质书的爱好者，无论我们买书、读书、写书，夸张点说，都多少带有这种虚妄的责任心。出版一部纸质书，就能留下一点阅读的印记，仿佛就可以让纸质书的消亡延缓一些，再延缓一些。我们不想被裹挟成时代的人质，而是梦想成为时代的见证者，写下几行文字，几本书，以记录和描摹一个匆忙而未定型的大时代。

我想感谢为本书出版做出贡献、付出心力的人。先是要感谢我的好友曹亚瑟为这本小书作序。亚瑟君是我的老大哥，在报社担任要职，公务缠身，却从未放弃他的阅读兴趣，家中藏书两万余册，业余研究《金瓶梅》，一手美食，一手美色，擅长双手互搏，多年来勤奋如是，已经出版了不少专著。我在郑州这个城市生活了十几年，如果说有好友可以对谈畅饮，自然非他莫属。他自然是为我的书作序的不二人选。

感谢我的编辑罗丹，感谢她不断地督促，细致地帮我修订文稿，给了我很多良好的建议。要说起来，我们也是老朋友、旧相识。早些年她在北京做出版，后来她南下到了广州，仍然从事出版行业，我们也一直保持着联系。这大概就是所谓的缘分。每位写作者出版自己的第一本书，都想找一位可靠、熟悉、值得信任，可以托付的好编辑。我很荣幸第一本书就能找到这样好的合作者。

最后，要感谢自己的父母。很惭愧，30多年来，我大概是家中最不省心的孩子，从来不按部就班地工作、结婚、生子，过稳定踏实的生活。我很讨厌被安置好的生活，总想跳出常规，按照自己内心的意愿选择。我的任性即使没有伤害到他们，也总会让他们担忧我的未来。幸好，他们的包容，给了我继续写下去的勇气。这本书如果能献给他们，我希望这是最好的礼物。

还有其他为这本书付出的朋友，我会一一铭记于心，恕不赘言。

思郁

2017/11/24书

附：本书所涉及的书目

【加拿大】扬·马特尔（Yann Martel）著，郭国良，殷牧云译：《斯蒂芬·哈珀在读什么：扬·马特尔给总理和书虫荐书》，南京：译林出版社，2014年6月。

【美】理查德·艾尔曼（Richard Ellmann）著，萧易译：《奥斯卡·王尔德传》（上下卷），桂林：广西师范大学出版社，2015年1月。

【法】朱迪特·伍泽（Judith Housez）著，袁俊生译：《杜尚传》，重庆：重庆大学出版社，2010年11月。

【英】赛琳娜·黑斯廷斯（Selina Hastings）著，赵文伟译：《毛姆传：毛姆的秘密生活》，合肥：安徽文艺出版社，2015年1月。

【英】V·S·奈保尔（Vidiadhar Surajprasad Naipaul）著，孙仲旭译：《作家看人》，南京：南京大学出版社，2009年3月。

【法】路易·阿尔都塞（Louis Pierre Althusser）著，蔡鸿滨译：《来日方长：阿尔都塞自传》，上海：上海人民出版社，2013年5月。

【美】史黛西·希芙（Stacy Schiff）著，李小均译：《薇拉：符拉基米尔·纳博科夫夫人》，桂林：广西师范大学出版社，2011年8月。

【美】托马斯·沃尔夫（Thomas Clayton Wolfe）著，王建

开，陈庆勋译:《天使望故乡》，上海：上海译文出版社，2009年8月。

【美】西格丽德·努涅斯（Sigrid Nunez）著，阿垚译：《永远的苏珊：回忆苏珊·桑塔格》，上海：上海译文出版社，2012年7月。

【爱尔兰】詹姆斯·乔伊斯（James Joyce）著，戴从容译：《芬尼根的守灵夜》，上海：上海人民出版社，2012年9月。

【法】罗兰·巴尔特（Roland Barthes）著，怀宇译：《哀痛日记》，北京：中国人民大学出版社，2012年1月。

【美】卡萝尔·斯克莱尼卡（Carol Sklenicka）著，戴大洪，李兴中译：《雷蒙德·卡佛：一位作家的一生》，北京：龙门书局，2012年1月。

【德】安东尼娅·格鲁嫩贝格（Antonia Grunenberg）著，陈春文译：《阿伦特与海德格尔：爱与思的故事》，北京：商务印书馆，2010年4月。

【英】唐纳德·普拉特（Donald Prater）著，张兴文译：《里尔克传：鸣响的杯子》，杭州：浙江大学出版社，2016年12月。

【英】杰夫·戴尔（Geoff Dyer）著，俞冰夏译：《杰夫在威尼斯，死亡在瓦拉纳西》，北京：新星出版社，2012年1月。

【美】彼得·芬恩，【俄】彼特拉·库维（Peter Finn Petra Couvée）著，贾令仪，贾文渊译：《当图书成为武器：“日瓦戈事件”始末》，北京：北京大学出版社，2015年2月。

【日】村上春树著，施小炜译：《我的职业是小说家》，海口：南海出版公司，2017年1月。

【美】罗勃·谢泼德（Rob Shepherd）著，李凌云译：《随泰坦尼克沉没的书之瑰宝》，北京：海豚出版社，2015年3月。

【美】尼古拉斯·A. 巴斯贝恩（Nicholas A. Basbanes）著，陈炎译：《文雅的疯狂：藏书家、书痴及对书的永恒之爱》，上海：上海人民出版社，2014年8月。

【美】安妮·法迪曼（Anne Fadiman）著，杨传纬译：《书趣：一个普通读者的自白》，上海：上海人民出版社，2009年5月。

《巴黎评论》编辑部编：《巴黎评论·作家访谈》，北京：人民文学出版社，2012年2月。

【美】A.司各特·伯格（A. Scott Berg）著，彭伦译：《天才的编辑：麦克斯·珀金斯与一个文学时代》，桂林：广西师范大学出版社，2015年6月。

【美】雷蒙德·卡佛（Raymond Carver）著，孙仲旭译：《新手》，南京：译林出版社，2015年6月。

【法】弗朗索瓦·特吕弗（François Truffaut）著，郑克鲁译：《希区柯克与特吕弗对话录》，上海：上海人民出版社，2007年1月。

【法】弗雷德里克·斯特劳斯（Frederic Strauss）著，傅郁辰，谢强译：《欲望电影：阿尔莫多瓦谈电影》，北京：人民文学出版社，2007年3月。

【美】戴维·里夫（David Rieff）编选，姚君伟译：《重生：苏珊·桑塔格日记与笔记（1947—1963）》，上海：上海译文出版社，2013年4月。

【英】阿瑟·克拉克（Arthur Charles Clarke）著，郝明义等译：《“太空漫游”四部曲》，上海：上海人民出版社，2013年5月。

【美】罗杰·伊伯特（Roger Joseph Ebert）著，黄渊译：《在黑暗中醒来：罗杰·伊伯特四十年精选》，上海：上海译文出版社，2012年2月。

【美】罗杰·伊伯特（Roger Joseph Ebert）著，殷宴，周博群译：《伟大的电影》，桂林：广西师范大学出版社，2012年5月。

【美】欧内斯特·海明威（Ernest Miller Hemingway）著，汤永宽译：《流动的盛宴》，上海：上海译文出版社，2009年1月。